Die IDEENKISTE für störungsfreien Unterricht

Petra Schäperklaus

Sofort umsetzbare Maßnahmen und Sanktionen mit nachhaltiger Wirkung

Verlag an der Ruhr

IMPRESSUM

Titel
Die Ideenkiste für störungsfreien Unterricht
Sofort umsetzbare Maßnahmen und Sanktionen mit nachhaltiger Wirkung

Autorin
Petra Schäperklaus

Umschlagmotive und Illustrationen im Innenteil
Lehrer Lempel © akg-images; Fotolia.com: Zettel mit Band © ViennaFrame,
Kiste © danielabarreto, gelochter Zettel (mit Linien und ohne) © flas100;
Smiley © Verlag an der Ruhr; Pfeil auf Kapiteldeckblättern © Magnus Siemens

Lektorat
Silke Schwetschenau

Druck
AZ Druck und Datentechnik GmbH, Kempten, DE

Verlag an der Ruhr
Mülheim an der Ruhr
www.verlagruhr.de

Geeignet für die Klassen 5–10

ISBN 978-3-8346-3726-0

INHALT

3. Lernerfolge aus Sanktionen positiv verstärken 161

4. Präventive Maßnahmen zur Vermeidung von Unterrichtsstörungen 175

VORWORT

Liebe Kollegen*,

Schüler werden nur in einer positiven Lernatmosphäre erfolgreich lernen können und Lehrer haben nur in einem störungsfreien Unterricht die Möglichkeit, ihr Wissen professionell zu vermitteln. Ein Problem zur Sicherung von qualitativ gutem Unterricht stellen insbesondere solche Schüler dar, die durch ständige Unaufmerksamkeit, fehlende Anstrengungsbereitschaft, Konzentrationsstörungen, hohe Ablenkbarkeit und Hyperaktivität dem Unterrichtsgeschehen nicht kontinuierlich folgen können. Es sind häufig diese Schüler, die den Unterricht stören. Grundsätzlich lässt sich sagen, dass es einen störungsfreien Unterricht nicht gibt. Verabschieden Sie sich bitte von dieser Illusion.

Erziehung und Unterricht sind untrennbar miteinander verbunden. Die Schullandschaft hat sich in den letzten Jahren sehr gewandelt. Im Zeitalter der Inklusion sind Lehrer mehr gefordert denn je. Ganztagsschulen, zusätzliche Betreuungsangebote sowie das Inkludieren aller Schüler mit und ohne Förderbedarf stellen an jeden Pädagogen hohe Anforderungen hinsichtlich Kompetenz und Professionalität. Denn Unterrichtsstörungen sind vielschichtiger und weitläufiger geworden. Sie reichen von verbalen bis hin zu gewalttätigen Unterbrechungen des Lernens. Das vorliegende Buch soll Ihnen praktische Tipps für umsetzbare Maßnahmen geben. Die „Ideenkiste" stellt Ihnen zahlreiche Ideen vor, mit denen Sie auf Unterbrechungen und Störungen reagieren können. Sie reichen von einem humorvollen Umgang mit ihnen bis hin zu härteren Sanktionen. Es wird versucht, jeder Unterrichtsstörung eine angemessene Maßnahme gegenüberzustellen, die gleichzeitig im künftigen Schülerverhalten eine entsprechende Nachhaltigkeit bewirken soll.

Das **1. Kapitel „Unterrichtsstörungen – eine Einführung" (S. 9)** bettet das Thema theoretisch ein und gibt einen kurzen Überblick über die Entstehung von Unterrichtsstörungen sowie über Präventionsmöglichkeiten.

Im **2. Kapitel „Maßnahmen bei Unterrichtsstörungen durch den Schüler" (S. 19)** finden Sie zahlreiche Anregungen, wie Sie bei verbalen,

* Aus Gründen der besseren Lesbarkeit haben wir in diesem Buch durchgehend die männliche Form verwendet. Natürlich sind damit auch immer Frauen und Mädchen gemeint, also Lehrerinnen, Schülerinnen usw.

motorischen, aggressiven und sonstigen Störungen angebracht und effektiv reagieren können. Gleichzeitig gilt es, nicht nur negatives Schülerverhalten wahrzunehmen und zu ahnden, sondern dem Schüler eindeutig zu signalisieren, wenn er aus der Sanktion gelernt hat. Das **3. Kapitel „Lernerfolge aus Sanktionen positiv verstärken" (S. 161)** gibt zahlreiche Beispiele. Diese Belohnungen reichen vom mündlichen Lob im Vier-Augen-Gespräch über Lobkarten und positive Rückmeldung an die Eltern bis hin zu einem Gutschein-Kiosk. Darüber hinaus finden Sie im **4. Kapitel „Präventive Maßnahmen zur Vermeidung von Unterrichtsstörungen" (S. 175)** Tipps für vorbeugende Lehrermaßnahmen zur deutlichen Verringerung der Unterrichtsunterbrechungen. Auch an dieser Stelle sind es manchmal Kleinigkeiten, die im Vorfeld Störungen zu vermeiden helfen.

Jede Maßnahme aus der „Ideenkiste" führt übersichtlich die Unterrichtsstörung, Maßnahme und Klassenstufen sowie benötigte Materialien und Vorbereitungen auf und gibt Ihnen genaue Anleitungen zur Durchführung. Zu vielen Maßnahmen finden Sie passende Kopiervorlagen oder Beispiele und Tipps für die direkte Umsetzung in Ihrer Klasse. Variieren Sie, erweitern Sie mit eigenen Ideen, wenn aus Ihrer Sicht etwas fehlt. Seien Sie nicht mutlos, wenn nicht gleich die erste Methode Wirkung zeigt. Suchen Sie das Kollegengespräch. Wenn Sie mit dem einen oder anderen Verhalten eines Schülers nicht zurechtkommen, ist das kein Zeichen von Schwäche. Sie stehen ständig unter dem Druck, Ihren Lehrplan einzuhalten. Gleichzeitig sollen Sie für ein gutes Lernklima sorgen und jeden Schüler individuell fordern und fördern.

Die in diesem Buch gesammelte Ideenvielfalt im pädagogischen Umgang mit Unterrichtsstörungen ist aus meinem eigenen Schulalltag an unterschiedlichen Schulformen erwachsen. Sie bietet Ihnen Anregungen und darüber hinaus Auswahlmöglichkeiten auf dem Weg zu einem effektiven und relativ störungsfreien Lehren und Lernen. Ich wünsche Ihnen ein gutes Gelingen bei der Umsetzung der Maßnahmen und würde mich freuen, wenn der eine oder andere Tipp Ihnen hilft, schnell und zeitnah auf Unterrichtsstörungen zu reagieren und diese abzustellen.

Herzlichst, Ihre Petra Schäperklaus

Unterrichtsstörungen
– eine Einführung

Theoretischer Rahmen

Viele Lehrer beklagen, dass Unterrichtsstörungen deutlich zugenommen haben und vielfältiger geworden sind. Die erzieherischen Einwirkungen und Ordnungsmaßnahmen der Schulgesetze*, wie etwa in § 53 des Schulgesetzes des Landes NRW geregelt, reichen lange nicht mehr aus, um dem vielfältigen Problembereich der Unterrichtsstörungen zu begegnen.
Jede Schule hat eine Schulordnung, die für jeden Schüler zugänglich ist. Klare Regeln ersparen zeitraubende Diskussionen mit Schülern. Der konstruktive Zweck dieses Regelwerkes ist immer die Sicherung des qualitativen Unterrichts. Wer sich nicht an die vorgegebenen Regeln hält, diese missachtet und sich auch nach Ermahnung und Erinnerung nicht einsichtig zeigt, braucht ein deutliches „STOPP".
Schüler akzeptieren Strafen immer nur dann, wenn sie diese als gerecht empfinden. Anderenfalls hören Sie vermutlich Sätze wie: „Ich habe überhaupt nichts gemacht", „Aber, das machen doch alle", „Ich hab gar nicht angefangen", „Aber ... darf das".

Zu dem komplexen Bereich von Verhaltensstörungen in Schule und Unterricht gibt es sehr unterschiedliche Sichtweisen und Aussagen. Hinsichtlich meiner Erörterungen zu diesem Problembereich teile ich das Verständnis von Gert Lohmann: „Unterrichtsstörungen sind Ereignisse, die den Lehr-Lern-Prozess beeinträchtigen, unterbrechen oder unmöglich machen, indem sie die Voraussetzungen, unter denen Lehren und Lernen erst stattfinden kann, teilweise oder ganz außer Kraft setzen." (Lohmann, 2015, S. 13) Dieses Verständnis von Verhaltensstörungen hat den Vorteil, dass es sich nicht auf eine Person als Verursacher, sondern in direkter Weise auf den Unterricht selbst bezieht. Auch Rainer Winkel bringt diese Positionierung in einem kurzen Statement zum Ausdruck: „Eine Unterrichtsstörung liegt dann vor, wenn

* Die in der „Ideenkiste" beschriebenen Ordnungsmaßnahmen und deren rechtliche Verankerung beziehen sich auf das Schulgesetz NRW. Eine Ordnungsmaßnahme darf nur von dem Gremium angeordnet werden, das für ihre Verhängung zuständig ist. Dies kann, je nach Ordnungsmaßnahme und landesrechtlicher Regelung, die Klassenkonferenz, die Lehrerkonferenz oder die Schulbehörde sein. Sie sollten sich daher vor der Durchführung der Ordnungsmaßnahme nach dem in Ihrem Bundesland zuständigen Gremium erkundigen.

der Unterricht gestört ist, d. h. wenn das Lehren und Lernen stockt, aufhört, pervertiert, unerträglich oder inhuman wird." (Winkel, 2011, S. 29) Noch kürzer formuliert es Dietmar Lehmann-Schaufelberger: „Eine Störung liegt dann vor, wenn der Lernprozess unterbrochen wird." (Lehmann-Schaufelberger, 2014, S. 15)

Der Lehrer sollte sich jedoch bewusst machen, dass eine Unterrichtsstörung zugleich ein Notsignal des Schülers zum Ausdruck bringt. Praktisch stellt sie einen Hilferuf des Schülers nach mehr Aufmerksamkeit und Anerkennung für seine Person dar. So eröffnet sich für den Lehrer ein vollkommen anderer Verständnisrahmen: Er wird angehalten, sich um die Ursache der Unterrichtsstörung Gedanken zu machen. Das „Fehlverhalten des Schülers" fordert vom Lehrer ein, sich auf der Beziehungsebene mit seinem Gegenüber auseinanderzusetzen, d. h. vor allen Dingen, dem Schüler aktiv zuzuhören, ihm gegenüber offen und authentisch zu sein. Es ist erforderlich, dass die Unterrichtsstörung zwischen Lehrer und Schüler kommuniziert wird. Die Kommunikation gelingt leichter bei einer intakten Beziehungsebene.

Da es für die Lösung von Konflikten unerlässlich ist, über sie zu sprechen, kommen hier die fünf Axiome zum Kommunikationsverhalten nach Watzlawick zur Geltung (vgl. Watzlawick et al, 2016, S. 57 ff.). Die Kenntnis dieser Axiome stellt die Grundlage für eine positive Gestaltung der Beziehungsebene dar. Entscheidend für eine gelungene Beziehung ist die Kommunikation und so lautet auch Watzlawicks erstes und wichtigstes Axiom: Man kann nicht nicht kommunizieren (vgl. Watzlawick et al, 2016). Watzlawick geht es dabei vor allen Dingen um die nonverbale Kommunikation, die gerade im Unterricht in Form von Mimik und Gestik stattfindet. Dies ist ein wichtiger Aspekt im Hinblick auf die Kommunikation der Schüler untereinander.
Ein weiteres Axiom beinhaltet, dass jede Form der Kommunikation immer einen inhaltlichen und einen beziehungsbezogenen Aspekt hat. Dabei ist es relevant, in welcher Beziehung man zu seinem Gegenüber steht. Schüler arbeiten immer motivierter und effektiver mit den Schülern zusammen, zu denen sie ein positives Verhältnis haben.
Das dritte Axiom besagt, dass Kommunikation aus Reiz- und Reaktionsmustern besteht (vgl. Watzlawick et al, 2016). Watzlawick geht davon aus, dass

Kommunikation aus einer Ursache und der Wirkung darauf besteht. Das bedeutet, dass die eigene Kommunikation immer von der Reaktion des Gegenübers abhängig ist. Das gilt sowohl im positiven wie auch im negativen Bereich. Gerade im Bereich der Konfliktlösung bei Unterrichtsstörungen kommt es entscheidend darauf an, nicht in eine Art Teufelskreis der Kommunikation zu geraten. Es ist daher wichtig, diese Kommunikationsstörung zu vermeiden, um zu einer Konfliktlösung zu gelangen, die für beide Seiten akzeptabel ist.
Das vierte Axiom besagt, dass Kommunikation analog und digital ist. Mit „analog" meint Watzlawick die nonverbale Ebene der Kommunikation, mit „digital" meint er die verbale Ebene. Im Idealfall sind beide Ebenen kongruent (vgl. Watzlawick et al, 2016).
Bei seinem letzten Axiom geht Watzlawick davon aus, dass Kommunikation symmetrisch oder komplementär ist. Ist eine Kommunikation symmetrisch, hat man ein Gegenüber, das gleich schwach oder gleich stark ist – also einen Gesprächspartner auf Augenhöhe. In der komplementären Kommunikation ist der Partner entweder stärker oder schwächer als sein Gegenüber (vgl. Watzlawick et al, 2016).

Aufgrund dieser Erkenntnisse nach Watzlawick wird deutlich, wie vielschichtig die Kommunikation ist und wie entscheidend sie für die verbale Auseinandersetzung in Bezug auf Unterrichtsstörungen zwischen Lehrer und Schüler ist (vgl. Watzlawick et al, 2016).
Eine schnelle und übersichtliche Erläuterung der Axiome mit Beispielen finden Sie bei YouTube unter dem Titel „Die fünf Axiome von Paul Watzlawick".

Friedemann Schulz von Thun hat dieses Kommunikationsmodell von Paul Watzlawick in der bekannten Sequenz „Miteinander reden 1–3" weiterentwickelt und für die Alltags- und Lebenspraxis mit vielen Beispielen erschlossen (vgl. Schulz von Thun, 2016). Die Bedeutung der Kommunikation von Konfliktsituationen ist auch für die Aufarbeitung und Lösung von Unterrichtsstörungen unerlässlich.

Viele Störungen im Schulalltag treten nur kurzfristig in Erscheinung, lassen sich den leichteren Unterrichtsstörungen zuordnen und sind in der Regel tolerierbar. Störungen sind immer Impulsgeber und können der Wegbereiter für eine konstruktive Unterrichtsgestaltung sein. Schwerwiegendere Unterbrechungen des Unterrichts übersteigen ggf. die Handlungskompetenzen des Lehrers und machen außerschulische Hilfen unumgänglich. Dabei stellt sich auch die Frage nach der individuellen Belastbarkeit des Lehrenden. Das weite Feld der Unterrichtsstörungen ist nicht nur vielfältig im Erscheinungsbild, sondern auch hinsichtlich der Ursachenproblematik.

Schule ist ein wichtiger Lebensraum, in dem der Schüler u. a. lernen soll, ein persönliches Konfliktmanagement aufzubauen. Er soll lernen, mit Frustrationen und Auseinandersetzungen angemessen und rational umzugehen. Dazu gehört die Fähigkeit, das eigene Fehlverhalten aus der Distanz zu reflektieren und konstruktiv Lösungsstrategien zu entwickeln. Beim Erlernen von Konfliktlösungsstrategien seitens des Schülers ist die unterstützende Lehrerrolle unverzichtbar. Machen Sie sich immer deutlich: „Wer Schülern für positives Arbeits- und Sozialverhalten keine Anerkennung gibt, bestraft." (Grüner/Hilt/Tilp, 2017, S. 71)

Ein wichtiger Aspekt für das Lehrerverhalten in Konfliktsituationen ist die Fähigkeit, vorausschauend auf Unterrichtsunterbrechungen zu reagieren. Bereits in den 1970er-Jahren hat Jacob Kounin in seinen empirischen Forschungen nachgewiesen, dass das Geschehen vor der eigentlichen Unterrichtsstörung in den Fokus des Lehrers und seiner Reaktion auf das Fehlverhalten des Schülers gehört (vgl. Kounin, 2006). Hierzu gehört die Fähigkeit des Lehrers, im Sinne von „Allgegenwärtigkeit" wahrzunehmen, was vor dem Konflikt in seiner Klasse vor sich geht. Weiterhin fordert er vom Lehrenden, dass er dazu in der Lage ist, mehrere Geschehnisse innerhalb seines Unterrichts gleichzeitig wahrzunehmen.
Im Folgenden wird sowohl auf die Ursachen von Störungen als auch auf das präventive Lehrerverhalten genauer eingegangen.

Ursachen für Unterrichtsstörungen

Die Ursachen für Unterbrechungen des Unterrichts durch Störverhalten von Schülern sind vielfältiger Natur. Oft liegen die Gründe im familiären Umfeld. Viele Schüler sind aufgrund der Berufstätigkeit beider Eltern sehr früh sich selbst überlassen und müssen ihre eigene Struktur für den Alltag entwickeln. Wenn Kinder keine Grenzen in der Erziehung kennengelernt haben oder mit einem unklaren Erziehungskonzept der Eltern aufwachsen, fällt es ihnen auch im Schulalltag nicht leicht, sich an ein vorgegebenes Regelwerk zu halten. Auch eine Erziehung, die durch Unterdrückung gekennzeichnet ist, zeigt ihre Auswirkung im Verhalten des Schülers. Wer nicht früh in seinem Leben lernt, mit Konflikten umzugehen, hat häufig ein deutliches Defizit im Umgang mit Strategien in schwierigen Situationen. Die Folgen sind eine geringe Frustrationsgrenze und mangelnde Konfliktfähigkeit.

Diese sozialen Handlungskompetenzen müssen dann in der Schule von Grund auf erlernt werden. Jeder Schüler ist anders und jeder ist ein Individuum. Sie müssen entscheiden, welche Maßnahme bei welchem Schüler die erfolgreichste sein könnte. Sie möchten dem Schüler gegenüber gerecht sein und ihn ebenso wie seine Mitschüler behandeln. Gleichzeitig haben Sie den Erziehungsauftrag, ihn individuell zu fördern. Sie befinden sich also in einem Balanceakt zwischen Gerechtigkeit und individueller Förderung. Es ist keine leichte Aufgabe, zu analysieren, warum der Schüler gerade in Ihrer Unterrichtsstunde stört. Manchmal ist die Antwort ganz simpel: Der Schüler interessiert sich in keiner Weise für die Unterrichtsinhalte, die Sie ihm anbieten. Er ist also gelangweilt und auf der Suche nach Aktivität sucht er z. B. das Gespräch mit seinem Tischnachbarn oder beschäftigt sich anderweitig. Fehlende Lernmotivation kann den Schüler ins Träumen bringen und er ist geistig völlig abwesend. Andere Schüler sehnen sich nach Lob und Anerkennung und möchten eine Wertschätzung ihrer Leistung erhalten. Wenn es in der Familie daran fehlt, werden sie verstärkt versuchen, in der Schule Ihre Aufmerksamkeit zu erlangen. Und das gelingt ihnen besonders, wenn sie den Unterricht stören.

Goldene Regeln des präventiven Lehrerverhaltens bei Unterrichtsstörungen

Es gibt viele Präventivmaßnahmen, die Ihnen als Lehrer zur Verfügung stehen, damit bestimmte Unterrichtsstörungen gar nicht erst Ihren Unterricht erreichen. Eine gute Beziehung zwischen Lehrer und Schüler ist gekennzeichnet durch Vertrauen und einen respektvollen Umgang miteinander. Diese klare Beziehungsstruktur mit einem für alle Beteiligten durchschaubaren Regelwerk und einer konsequenten Umsetzung bzw. Durchsetzung von Sanktionen ist die Basis für erfolgreiches Lernen. Die Sanktion muss immer transparent sein. Benennen Sie den Grund für die von Ihnen gewählte Maßnahme präzise und denken Sie stets daran, dass Sie die Konsequenz immer im Vorfeld bekannt geben sollten. Sie darf für den Schüler nie verletzend sein. Führen Sie den Schüler nicht vor seinen Mitschülern vor. Meistens finden Ermahnungen und Androhungen natürlich während des Unterrichts statt. Werden Sie nie beleidigend. Vermeiden Sie Sätze wie: „Das ist ja wieder typisch.", „Klar, dass du wieder dabei bist.", „Du bist eben einfach zu blöd.", „Wie oft habe ich dir gesagt …?"

Nehmen Sie eine Unterrichtsstörung nie persönlich. Der Schüler will in der Regel nicht Sie mit seiner Störung treffen. Wenn Sie als Lehrer neu in eine Lerngruppe kommen, passiert es häufig, dass die Schüler versuchen, Sie auszutesten. Machen Sie sich und dem Schüler immer deutlich, dass es allein um sein Verhalten geht, nicht um seine Person. Begegnen Sie dem störenden Schüler mit Ich-Botschaften: „Ich mag dich, aber dein Verhalten gefällt mir gerade nicht.", „Ich mag dein Verhalten nicht. Ich möchte, dass du die Regeln beachtest!"

Dass jeder Lehrer wie jeder Schüler auch ein Individuum mit verschiedenen Empfindungen ist, macht es einem Kollegium nicht unbedingt leichter, genaue und einheitliche Regularien festzulegen. Mir persönlich ist das in den vielen Jahren, die ich als Lehrerin in verschiedenen Schulformen tätig war und noch bin, beim Thema „Lärm" besonders aufgefallen. Jeder Lehrer reagiert anders auf Lautstärke. Was für den einen noch im Rahmen des Normalen liegt, ist für den anderen schon grenzüberschreitend und nicht tolerierbar. Kollegen haben mir immer wieder bestätigt, dass man, je länger man im Dienst sei, lärmempfindlicher werde. Im Grundsatz herrscht aber Übereinstimmung in dem Punkt, dass für einen guten Unterricht ein bestimmter Lärmpegel nicht überschritten werden sollte.

Genauso wertvoll für das Gelingen von Unterricht ist eine gute Lernatmosphäre. Oft habe ich im Lehrerzimmer erlebt, dass Kollegen ihren Unmut darüber geäußert haben, dass sie vertretungsweise gerade in die Klasse gehen müssen, die als besonders schwierig gilt. Schüler spüren sehr schnell, wenn Sie unmotiviert in den Unterricht kommen. Gehen Sie daher immer freundlich auf eine Lerngruppe zu. Hier gilt das alte Sprichwort „Wie man in den Wald hineinruft, so schallt es heraus." Begegnen Sie jedem Schüler mit Respekt und Freundlichkeit. Nehmen Sie Ihr Gegenüber ernst. Dazu gehört eine genaue Wahrnehmung Ihrerseits. Schüler haben oft Sorgen und Ängste, die wir mit erwachsenen Augen anders einstufen. Denken Sie deshalb auch aus der Perspektive des Schülers. Begegnen Sie Ihren Schülern freundlich und unvoreingenommen. Ein freundliches Wort, auch im Vorübergehen, schafft Nähe. Eine positive Beziehungsebene schafft Offenheit auf beiden Seiten.

Jeder Schüler braucht Anerkennung. Und jeder hat etwas Liebenswertes, das es zu verstärken gilt. Machen Sie sich immer wieder klar, dass Sie durch zu häufiges Ermahnen negative Auffälligkeiten genauso verstärken wie es beim Loben des positiven Verhaltens der Fall ist. Bemühen Sie sich immer wieder, Ihre Schüler gut kennenzulernen.

Grundsätzlich zeigen Sanktionen bei Unterrichtsstörungen dann ihre effektivste Wirkung, wenn Sie diese zusammen mit den Schülern erarbeitet haben. Die von Ihnen eingesetzten Maßnahmen sollten grundsätzlich einsichtig für Ihre Schüler sein. Optimal ist es immer, wenn die Maßnahme auch im direkten kausalen Zusammenhang zur Unterrichtsstörung steht. Einen Abschreibtext als Maßnahme einzusetzen, erscheint mir z. B. erst dann sinnvoll, wenn der Text im direkten Zusammenhang mit der Unterrichtsstörung steht. Wenn diese Maßnahme den störenden Schüler zum Nachdenken und zur Reflexion seines Verhaltens anregt, verspricht sie eine gewünschte Verhaltensänderung.

Erinnern Sie sich des Öfteren einfach an Ihre eigene Schulzeit. Denken Sie darüber nach, wie es Ihnen mit Strafen ergangen ist. Was war Ihnen dabei wichtig? Was haben Sie als gerecht, was als ungerecht empfunden? War nicht vieles von Ihrem Handeln von der Person des Lehrers abhängig? Bei welchem Lehrer hat Ihnen das Lernen Spaß gemacht? Wie wichtig war das persönliche Verhältnis zum Lehrer? Konnten Sie sich mit Ihren Sorgen und Problemen einem Lehrer anvertrauen?

Manche Unterrichtsstörungen, die weder vom Schüler noch von Ihnen beeinflussbar sind, müssen Sie hinnehmen. Es sind oft unvorhergesehene Ereignisse, die den Unterricht beeinflussen können. Dazu gehören u.a. Feueralarm, Baulärm, ein plötzlicher Stundenausfall, ein ungeplanter Raumwechsel oder auch der erste Schneefall. Alle Schüler sehen in Richtung Fenster und kommentieren die neue Wetterlage. Da ist es manchmal sinnvoll, gerade bei jüngeren Schülern, gemeinsam einen Blick nach draußen zu werfen, um sich dann wieder dem Unterricht zu widmen.

Bei den zahlreichen Vorschlägen dieses Buches werden Sie sehr schnell feststellen, dass es zunächst wichtig sein wird, Ihre Lerngruppe genau zu beobachten und zu analysieren. Manche Sanktionen machen nicht bei jedem Schüler Sinn.
Bauen Sie ein gesundes und ausgeglichenes Verhältnis zu Ihren Schülern auf. Eine Ihrer Hauptaufgaben ist es, ein angenehmes Lernklima mit der dazugehörenden positiven Lernatmosphäre zu schaffen. Eine nicht unwesentliche Rolle spielt dabei auch die Gestaltung des Klassenraums. Sie und Ihre Schüler verbringen an diesem Ort oft mehr Zeit als in Ihren Familien. Gestalten Sie das Lernumfeld daher gemeinsam mit den Schülern. Das Lehren und Lernen findet in einem demokratischen Klassenzimmer statt. Nehmen Sie die Vorschläge der Schüler ernst und versuchen Sie, diese umzusetzen.
Treten Sie selbstbewusst und selbstsicher vor Ihre Klasse. Viele Eigenschaften, wie Freundlichkeit, Humor, Motivation, Aufmerksamkeit, Toleranz, Konsequenz und Geduld, werden von Ihnen erwartet. Ein breites Handlungsspektrum und die Fähigkeit, auf mehreren Ebenen gleichzeitig Entscheidungen treffen zu können, helfen Ihnen bei dem Gelingen guten Unterrichts. Sie zeigen einerseits Präsenz und sind andererseits dazu in der Lage, sich auch mit Ihrer Person

zurückzunehmen, d. h., Sie schaffen ein ausgewogenes Verhältnis zwischen Distanz und Nähe zu Ihren Schülern. Bemühen Sie sich immer um eine direkte Ansprache der Schüler und sprechen Sie mit klarer, deutlicher Stimme in Verbindung mit Ihrer Körpersprache. Suchen Sie mit Ihrem Blick den Blick des Schülers. Lernen Sie nicht nur die Namen der Kinder, sondern lernen Sie die persönliche Situation des Schülers mit seinen Interessen, Stärken und Schwächen kennen, damit Sie sich auf ihn einstellen können.
Hören Sie Ihren Schülern gut und genau zu und nehmen Sie ihre Probleme ernst. Schüler erwarten von Ihnen Fairness und eine gerechte Behandlung. Damit stellen sie hohe Erwartungen an Sie, die nicht immer leicht zu erfüllen sind. Arbeiten Sie lösungsorientiert und seien Sie sich immer bewusst, dass Sie mehrere Rollen im System Schule bekleiden. Neben der Rolle des Wissensvermittlers sind Sie auch der Erzieher und im besten Fall der Vertraute. Zum anderen haben Sie eine nicht zu unterschätzende Vorbildfunktion. Sie gehen mit dem berühmten guten Beispiel voran.
Sie müssen lernen, in Konfliktsituationen der Ruhigere zu bleiben. Denken Sie daran: Sie sind der Profi. Sie sollten die Unterrichtsstörungen nie als Angriff auf Ihre Person begreifen. Dahinter steht oft die Hilflosigkeit des Schülers. Sanktionieren Sie einzelne Störungen immer angemessen. Stellen Sie grundsätzlich ein Belohnungs- bzw. Belobigungssystem an die erste Stelle Ihrer persönlichen Präventionsliste.

Das Bemühen, gemeinsam mit den Schülern Konfliktlösungsmöglichkeiten zu entwickeln, ist auch immer eine Ausdrucksform kooperativen Lernens: „Kooperatives Lernen ist eine Interaktionsform, bei der die beteiligten Personen gemeinsam und im wechselseitigem Austausch Kenntnisse und Fertigkeiten erwerben." (Konrad/Traub, 2016, S. 5)
Kooperatives Lernen fördert und fordert die Schüler in vielerlei Hinsicht. Dabei ist die Schulung sozialer Kompetenzen genauso wichtig wie die Entwicklung der Kommunikationskompetenzen. Wer angemessen und auf einem bestimmten Niveau kommunizieren kann, ist eher dazu in der Lage, Konfliktsituationen auf einer sachlichen Ebene verbal zu deeskalieren.

Kapitel 2

Maßnahmen bei Unterrichtsstörungen durch den Schüler

Entwickeln von Gesprächs- und Verhaltensregeln

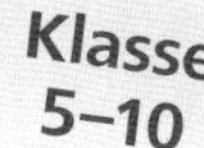

Materialien

- ✔ Plakate
- ✔ dicke Filzstifte in unterschiedlichen Farben
- ✔ Kopiervorlage „Rollenspielsituationen" (S. 22 und 23) (für jede Schülergruppe eine Situation)
- ✔ Kopiervorlage „Beobachtungsaufträge" (S. 24) im Klassensatz

Unterrichtsstörung

Der Schüler ruft ständig in die Klasse. Andere Schüler lässt er nicht ausreden und ist auch nicht dazu in der Lage, still zuzuhören. Auch Ermahnungen ignoriert er.

Maßnahme

Die Schüler entwickeln anhand eines Rollenspiels gemeinsam verbindliche Gesprächs- und Verhaltensregeln und visualisieren diese auf einem Plakat.

Ziel der Maßnahme

Der Schüler hält sich an die vereinbarten Regeln.

Vorbereitung

Bereiten Sie die Kopiervorlagen mit den Rollenspielsituationen und den Beobachtungsaufträgen für die Klasse vor.

So geht's

Die Methode des Rollenspiels ist eine gute Möglichkeit, um eine Lösung für Konfliktsituationen zu erreichen und, darauf aufbauend, gemeinsam verbindliche Gesprächs- und Verhaltensregeln für die Klasse zu erarbeiten.
Die Schüler arbeiten in Partner- oder Kleingruppenarbeit. Sie bekommen eine Kopiervorlage mit einer Rollenspielsituation ausgehändigt, die sie szenisch darstellen sollen. Im ersten Schritt überlegen sich die Schüler den Ablauf des Konfliktes. In einem nächsten Schritt suchen sie nach friedlichen Lösungen.

Danach überlegen sie, wie sie die Streitsituation und die anschließende Lösung des Konfliktes spielerisch darstellen können. Die Gruppen spielen ihr Rollenspiel der Klasse vor.
Die nicht spielenden Schüler (Publikum) erhalten während des Rollenspiels die Beobachtungsaufträge. Diese sind Grundlage für eine sich anschließende Partner- oder Gruppenarbeit, während die Schüler ihre Beobachtungsergebnisse mit den wichtigsten Erkenntnissen auf Plakaten festhalten und anschließend den anderen Schülern vorstellen. Nach der Präsentation werden aus den Ergebnissen gemeinsam Gesprächs- und Verhaltensregeln abgeleitet. Die Schüler stimmen über die wichtigsten Regeln für die Klasse ab und schreiben diese auf ein Plakat, das sichtbar im Klassenraum aufgehängt wird.

Tipp

Nachdem die Regeln erarbeitet und sichtbar im Klassenraum aufgehängt wurden, genügt es, bei Regelverstößen durch Zeigen auf das Plakat einen nonverbalen Hinweis zu geben. Häufig reicht ein Blickkontakt mit dem störenden Schüler.
Eine Alternative bei wiederholter Störung ist, dass der Schüler die für ihn wichtigste einzuhaltende Regel auf einen Papierstreifen schreibt und diesen auf seinen Tisch klebt. Auch hier reicht häufig ein nonverbaler Hinweis von Ihnen, um den Schüler an das richtige Verhalten zu erinnern. Manchmal reicht auch ein gezielter Blick mit entsprechender Mimik in Richtung des störenden Schülers.

Beispiel für ein Schülerplakat:

Unsere Gesprächs- und Verhaltensregeln

1. Jeder darf ausreden.
2. Keiner lacht über den anderen.
3. Jeder meldet sich. Keiner ruft in die Klasse.
4. Keiner stört den anderen beim Lernen.
5. Wir gehen höflich miteinander um.

Rollenspielsituationen (1)

Die Klasse hat Mathematikunterricht bei Frau Meier. Frau Meier stellt verschiedene Kopfrechenaufgaben. Leon ist gut in Mathe und ruft die Ergebnisse der Aufgaben immer in die Klasse, anstatt sich zu melden. Niklas sitzt neben ihm und ist sauer, weil er auch die richtige Lösung weiß, aber Leon immer schneller ist. Auch Frau Meier wird ärgerlich.

So geht ihr vor:

1. Einer aus eurer Gruppe liest das Beispiel vor.
2. Überlegt, wie die Situation weitergehen könnte.
3. Versucht, eine friedliche Lösung für die Situation zu finden.
4. Verteilt die Rollen und übt ein Rollenspiel ein.

Rollenspielsituationen (2)

Lilly sitzt neben Lea und möchte dem Unterricht aufmerksam folgen. Lea lässt sich nicht davon abhalten, Lilly immer wieder anzusprechen. Lilly zischt ihr zu, sie solle damit aufhören. Lea ignoriert das. Wütend schmeißt Lilly Leas Etui auf den Boden.

So geht ihr vor:

1. Einer aus eurer Gruppe liest das Beispiel vor.
2. Überlegt, wie die Situation weitergehen könnte.
3. Versucht, eine friedliche Lösung für die Situation zu finden.
4. Verteilt die Rollen und übt ein Rollenspiel ein.

© Verlag an der Ruhr | Autorin: Petra Schäperklaus | Pfeil: © Magnus Siemens | ISBN 978-3-8346-3726-0 | www.verlagruhr.de

Rollenspielsituationen (3)

Anna und Celine stehen auf dem Pausenhof zusammen. Sie lästern und lachen über ihre Mitschülerin Marion. Anna sagt immer wieder, wie blöd Marion aussieht: „Hast du die Opferschuhe gesehen?“, „Bin ich froh, dass ich nicht neben der sitzen muss!“, „Die hat ja noch den Tornister aus der Grundschule!“ Marion steht etwas abseits und hört, was über sie gesagt wird. Sie kämpft mit den Tränen.

So geht ihr vor:

1. Einer aus eurer Gruppe liest das Beispiel vor.
2. Überlegt, wie die Situation weitergehen könnte.
3. Versucht, eine friedliche Lösung für die Situation zu finden.
4. Verteilt die Rollen und übt ein Rollenspiel ein.

Rollenspielsituationen (4)

Sven kommt später aus der Pause. Luis, sein Tischnachbar, benutzt seinen Füller und seinen Tintenkiller, um schnell noch seine Hausaufgaben für die nächste Unterrichtsstunde zu vervollständigen. Sven ist sauer, dass Luis wieder einmal, ohne zu fragen, seine Sachen benutzt. Sven fordert Luis auf, ihm sofort seine Stifte zurückzugeben. Luis reagiert nicht. Sven wird immer wütender und malt mit einem Filzstift Striche auf Luis' Hausaufgaben.

So geht ihr vor:

1. Einer aus eurer Gruppe liest das Beispiel vor.
2. Überlegt, wie die Situation weitergehen könnte.
3. Versucht, eine friedliche Lösung für die Situation zu finden.
4. Verteilt die Rollen und übt ein Rollenspiel ein.

Beobachtungsaufträge

Welche Situation liegt vor?	....
Wer reagiert **wie**?	....
Wer hat den Konflikt ausgelöst?	....
Welche Lösung für die Situation wird präsentiert?	....

Erstellen einer Signalkarte

Klasse 5–7

Materialien

- ✔ farbige Stifte
- ✔ Pappkarten
- ✔ Klebestreifen

Unterrichtsstörung

Der Schüler hält sich nicht an die vereinbarten Gesprächs- und Verhaltensregeln. Immer wieder stört er den Unterrichtsablauf durch unaufgefordertes Hereinrufen.

Maßnahme

Der Schüler führt mit Ihnen ein Vier-Augen-Gespräch und erstellt eine Signalkarte mit der Regel, die für ihn am wichtigsten ist.

Ziel der Maßnahme

Die Signalkarte erinnert den Schüler daran, dass er sich an die Gesprächs- und Verhaltensregeln halten muss. Der Unterricht kann nun störungsfrei ablaufen.

Vorbereitung

Vereinbaren Sie mit dem Schüler einen Termin für ein Vier-Augen-Gespräch.

So geht's

Im Vier-Augen-Gespräch erläutern Sie dem Schüler sehr eindringlich, warum es wichtig ist, sich an die vereinbarten Regeln zu halten.
Weisen Sie ihn darauf hin, dass er sicherlich auch nicht damit einverstanden ist, wenn er bei einem Vortrag unaufgefordert unterbrochen wird. Führen Sie auch den Begriff der Fairness an: „Ich finde es unfair gegenüber deinen Mitschülern, wenn sie nicht die gleiche Chance haben, auf Fragen zu antworten."
Suchen Sie gemeinsam nach Ursachen. Manchmal kann es sein, dass der Schüler das subjektive Empfinden äußert, dass er, wenn er sich meldet,

von Ihnen nicht drangenommen wird. Signalisieren Sie, dass Sie Ihr eigenes Verhalten noch einmal sorgfältig reflektieren werden.
Schlagen Sie dem Schüler vor, dass Sie ihn unterstützen, sein Störverhalten einzustellen. Stellen Sie ihm die Möglichkeit der Signalkarte vor, die ihn an das korrekte Verhalten erinnern soll. Klären Sie im Gespräch mit dem Schüler, wie eine Signalkarte, die ihn an die vereinbarten Regeln erinnern soll, aussehen könnte. Im besten Fall hat er selbst Ideen zur Gestaltung dieser Karte. Fehlen dem Schüler die Ideen, machen Sie ihm Vorschläge. Eine von ihm erstellte Zeichnung, ein Piktogramm oder auch ein Satz, von ihm selbst geschrieben, kommen dafür infrage. Die Signalkarte klebt der Schüler in die Ecke seines Tisches.

Tipp

Sollte der Schüler als Ursache für sein Störverhalten äußern, dass er das Gefühl hat, oft übersehen zu werden, versprechen Sie ihm, darauf zukünftig Ihr Augenmerk zu lenken.
Nehmen Sie die Sorgen des Schülers ernst. Gehen Sie mit sich selbst ins „Gericht". Gerade in der nächsten Zeit sollten Sie den Schüler öfter zu Wort kommen lassen, wenn er sich meldet. Das könnte schon zu einer Verhaltensänderung bei ihm führen.

Beispiele für Signalkarten:

Ignorieren

Klasse 5–10

keine Materialien

Unterrichtsstörung

Der Schüler redet ohne Aufforderung im Unterricht. Er kommentiert jeden Beitrag durch unqualifizierte Kommentare. Die Mitschüler werden zu seinem Publikum.

Maßnahme

Der Lehrer und die Mitschüler ignorieren die Kommentare.

Ziel der Maßnahme

Dem Störenfried fehlen das Publikum und die Bühne. Er verliert das Interesse, sich vorlaut zu äußern, weil ihm der „Beifall" fehlt. Die Aufmerksamkeit, die er sich erhofft, bleibt aus.

Vorbereitung

Es gibt in Ihrer Lerngruppe klare Vereinbarungen hinsichtlich der Gesprächsregeln. Sie haben dem Schüler deutlich gemacht, dass Sie und die Lerngruppe sich durch vorlaute Kommentare gestört fühlen.

So geht's

Bleiben Sie ruhig und ignorieren Sie die Kommentare. Die Mitschüler nehmen Ihre Reaktion wahr und ignorieren das provozierende Verhalten des Mitschülers ebenfalls.

Tipp

Schüler, die alles kommentieren müssen, gibt es immer wieder. Manchmal ist das eine Angewohnheit, die einfach zum Charakter des Schülers gehört. Wenn der Schüler feststellt, dass Sie sein Verhalten komplett ignorieren und im Moment weder zur Kenntnis nehmen noch kommentieren, wird er künftig die Lust an seinen Störungsversuchen verlieren.

Häufig möchten Schüler mit ihren ständigen Kommentaren aber auch Ihre Aufmerksamkeit erhalten. Hier gilt es, klar zu unterscheiden, ob es sich um eine Art „Klassenclownerie“ handelt oder ob Sie es mit einem Schüler mit einem ernst zu nehmenden ADS, dem Aufmerksamkeitsdefizitsyndrom, zu tun haben.

Dokumentieren Sie daher das Verhalten des Schülers. Einen Beobachtungsbogen für mögliche Hinweise auf ADS finden Sie auf Seite 146/147. Führen Sie ein Gespräch mit den Erziehungsberechtigten, wenn Sie den Verdacht auf ADS haben.

Bei Verdacht auf ADS ist immer die Hospitation des Kollegen empfehlenswert. Ziehen Sie, wenn möglich, einen Förderschullehrer hinzu. Dieser kann Sie zur Einleitung eines Verfahrens zur Feststellung eines möglichen sonderpädagogischen Förderbedarfs (AO-SF) beraten.

Ein Aufmerksamkeitsdefizitsyndrom wird durch einen Arzt diagnostiziert.

Beratungsstunden mit anschließender Belohnung

Klasse 5–10

Materialien

- ✔ Kopiervorlage „Das stört mich!“ (S. 32) und „Was tun gegen die Störung?“ (S. 32) im Klassensatz auf farbiges Papier kopiert (gelb/orange/hellblau/hellgrün)
- ✔ Kopiervorlage „Belohnungsstunde“ (S. 33) im Klassensatz auf weißes Papier kopiert
- ✔ dicke Filzstifte
- ✔ Magneten (zur Befestigung der Karten an der Tafel) oder Klebeband (falls die Tafel nicht magnetisch ist)

Unterrichtsstörung

Der Schüler unterbricht ständig das Unterrichtsgeschehen, häufig immer wieder mit den gleichen „Sprüchen“.

Maßnahme

Alle Schüler tragen in drei gemeinsamen Beratungsstunden die Verhaltensweisen zusammen, die sie stören. Sie erarbeiten Lösungsvorschläge und versuchen, störendes Verhalten zu unterlassen. Wenn sie dabei erfolgreich sind, werden sie mit einer Belohnungsstunde belohnt.

Ziel der Maßnahme

Der Schüler reflektiert in den gemeinsamen Beratungsstunden sein Störverhalten. Ihm wird deutlich, dass auch seine Mitschüler durch sein Verhalten genervt sind und sich gestört fühlen. Gleichzeitig bekommt er durch die Belohnungsstunde einen Anreiz, sein störendes Verhalten abzustellen.

Vorbereitung

Kopieren Sie die Arbeitsaufträge (S. 32) auf buntes Papier. Kündigen Sie der Klasse an, dass es zunächst eine gemeinsame Stunde für eine ausführliche

Beratung geben wird und später noch einmal eine Auswertungsstunde sowie nach etwa zwei bis drei Wochen eine weitere Stunde.

So geht's

Erste Stunde: Jeder Schüler erhält die Karte „Das stört mich!" (S. 32). Thematisieren Sie, Ihnen sei aufgefallen, dass der Unterricht in der letzten Zeit immer wieder durch verbale Provokationen gestört wird. Stellen Sie die Fragen: „Stört euch das auch? Oder gibt es andere Dinge, die euch stören?" Die Schüler beantworten die Frage in Einzelarbeit. Dann werden die Karten eingesammelt. Zwei Schüler heften die Karten an die Tafel.
Sortieren Sie die Antworten gemeinsam im Unterrichtsgespräch. Dann versuchen Sie, zusammen mit den Schülern ein Ranking zu erstellen. Gehen Sie der Frage nach, welche Störung am meisten belastet. Diese Fragestellung bietet den Einstieg für eine weitere „Beratungsstunde".

Zweite Stunde: Schreiben Sie die am häufigsten genannte Unterrichtsstörung groß an die Tafel. Nun geht es darum, gemeinsam mit Ihren Schülern Lösungen zu erarbeiten. Starten Sie mit der Aufgabe „Was tun gegen die Störung?" (S. 32), die die Schüler gemeinsam mit ihrem Tischnachbarn bearbeiten. Sollte es nach der ersten Beratungsstunde keinen „Rankingsieger" geben, dann können Sie die Schüler in Gruppen einteilen. Jede Gruppe bearbeitet eine der genannten Unterrichtsstörungen.
Im Anschluss an die Erarbeitungsphase präsentieren die Schüler ihre Lösungsvorschläge, entweder mit ihrem Partner oder mit ihrer jeweiligen Arbeitsgruppe. Die Form der Präsentation der Ergebnisse kann ganz unterschiedlich aussehen. Die Gruppe kann ein Handout erstellen, das dann für alle Schüler vervielfältigt wird, oder sie wählt einen Sprecher, der den Lösungsvorschlag im Plenum mündlich vorstellt. Manche Schüler haben auch besondere Freude daran, ihre Lösungen in Form eines Rollenspiels darzustellen.
Nach diesen zwei Beratungsstunden werden Sie erste Veränderungen im Verhalten Ihrer Schüler feststellen. Selbst an Lösungen gearbeitet zu haben, erleichtert ihnen eine Verhaltensänderung.

Dritte Stunde: Sie sollten nach ca. zwei bis drei Wochen erneut eine Beratungsstunde einberufen. Diese kann dann im Zeichen der Evaluation stehen. Sie können im Unterrichtsgespräch offen diskutieren, welchen Erfolg die zwei

Unterrichtsstunden zum Thema Unterrichtsstörungen gehabt haben. Überlegen Sie gemeinsam mit Ihren Schülern, was es evtl. noch zu tun gibt. Diskutieren Sie die Frage: „Wie gehen wir zukünftig mit Störungen um?"
Stellen Sie Ihrer Klasse eine gemeinsame Belohnungsstunde in Aussicht, wenn sich die Störungen deutlich reduzieren. Die Kopiervorlage zur Vorbereitung der Belohnungsstunde finden Sie auf Seite 33.

Tipp

Gibt es nach der ersten Beratungsstunde einen eindeutigen „Rankingsieger", können sich alle Schüler schon einmal im Vorfeld der zweiten Stunde Gedanken für Lösungsvorschläge machen. Gibt es unterschiedliche Störungen bzw. Störungsfelder, sollten Sie das für die Planung der kommenden Beratungsstunde berücksichtigen.

Der Vorteil von gemeinsamen Beratungsstunden ist, dass der störende Schüler eine Rückmeldung zu seinem Verhalten bekommt, ohne direkt im Fokus zu stehen. Er bekommt die Möglichkeit zur Reflexion, ohne allein auf der „Anklagebank" zu sitzen.
Beobachten Sie den Schüler, wie er sich zu dem Störverhalten äußert. Ganz sicher wird er sich angesprochen fühlen. Es hat erfahrungsgemäß eine andere Wirkung, wenn nicht nur Sie als Lehrer die Störung anzeigen und ermahnen, sondern wenn auch die Mitschüler darauf hinweisen und mögliche Verhaltensmaßnahmen gemeinsam erarbeiten.

Das stört mich!

➪ **Überlege, welches Verhalten dich persönlich stört, und schreibe es auf. Achte darauf, dass du die Störung sachlich formulierst. Nenne keine Namen. Es geht um die Störung, nicht um den Störer.**

....

....

....

....

....

....

Was tun gegen die Störung?

In der letzten Beratungsstunde hat sich herausgestellt, dass

....

zu einer der häufigsten Unterrichtsstörungen in der Klasse gewählt wurde.

➪ **Welche Ideen hast du, wie man diese Störung abstellen könnte? Überlege mit deinem Tischnachbarn gemeinsam.**

➪ **Notiert eure Lösungsvorschläge auf der Rückseite dieser Karte.**

Belohnungsstunde

Überlegt gemeinsam mit eurem Tischnachbarn, wie so eine Belohnungsstunde aussehen könnte!

Wir haben folgende Ideen für unsere Belohnungsstunde:

....

....

....

....

....

Stummer Kaffeeklatsch

Klasse 5–10

keine Materialien

Unterrichtsstörung

Schüler stören den Unterricht durch Gespräche mit ihren Tischnachbarn. Ihre Ermahnungen werden ignoriert.

Maßnahme

Die störenden Schüler erhalten einen anderen Sitzplatz, möglichst an einem Einzeltisch.

Ziel der Maßnahme

Die Schüler lenken sich nicht mehr gegenseitig ab und haben keine Gelegenheit mehr, sich in Gespräche zu verwickeln.

Vorbereitung

Sie sollten immer dafür sorgen, dass Sie einige freie Einzeltische in Ihrem Klassenraum haben, die Sie in einer solchen Situation einsetzen können.

So geht's

Die störenden Schüler werden ermahnt. Ihnen wird erklärt, dass bei wiederholter Störung der Einzeltisch zu ihrem neuen Sitzplatz wird.

Tipp

Die Schüler nehmen abwechselnd am Einzeltisch Platz.

Schülerinterview

Materialien

✔ Kopiervorlage „Schülerinterview" (S. 37)

Unterrichtsstörung

Der Schüler stört durch ständige Zwischenrufe und lautes Lachen vehement den Unterricht. Er signalisiert deutlich, dass ihm der Unterricht offensichtlich nicht gefällt.

Maßnahme

Der störende Schüler bearbeitet an einem Einzeltisch ein schriftliches Interview. Er bekommt die Gelegenheit, zu notieren, warum er den Unterricht stört und was ihn selber stört.

Ziel der Maßnahme

Der Schüler reflektiert seine Unterrichtsstörung und zeigt eine positive Veränderung in seinem Verhalten.

Vorbereitung

Kopieren Sie den Interviewbogen und tragen Sie die entsprechende Unterrichtsstörung ein. Planen Sie Zeit ein, um auf Grundlage des Schülerinterviews ein Einzelgespräch mit dem Schüler zu führen.

So geht's

Weisen Sie den Schüler durch Ermahnung auf sein Störverhalten hin. Sollte der Schüler Ihre Ermahnung ignorieren, erhält er von Ihnen den Interviewbogen, in dem Sie bereits die individuelle Störung eingetragen haben. Er nimmt an einem Einzeltisch Platz und wird mit der Bearbeitung des Interviewbogens beauftragt. Anschließend gibt er den Bogen an Sie zurück. Vereinbaren Sie mit ihm einen Termin für ein Gespräch.
Anlass und Thema des Gespräches ist der ausgefüllte Interviewbogen. Nehmen Sie die Antworten des Schülers ernst. Gehen Sie Frage für Frage des Interviews mit ihm durch. Versuchen Sie, dem Schüler keine Vorhaltun-

gen zu machen, und bemühen Sie sich um Sachlichkeit. Auch wenn es Ihnen schwerfällt, seien Sie bemüht, bestimmte Äußerungen nicht persönlich zu nehmen.
Möglicherweise ist ein Fazit dieser Maßnahme, dass der Schüler Kritik an Methoden des Unterrichts übt und Sie eine Möglichkeit sehen, eine Veränderung einzuplanen. Je offener Sie ihm gegenübertreten, desto mehr wird auch er sich Ihnen gegenüber öffnen. Gehen Sie auf die Suche nach Kompromisslösungen. Lassen Sie den Schüler eigene Vorschläge für Lösungen machen.

Tipp

Machen Sie dem Schüler eindringlich klar, dass er für sich und sein Verhalten ganz allein verantwortlich ist. Kommunizieren Sie die Ich-Botschaft: „Ich habe keine Lust mehr, dich immer wieder aufs Neue zu ermahnen und dich daran zu erinnern, an welche Regeln du dich halten musst. Ich glaube, dass du es schaffst, dich an die Regeln zu halten."

Schülerinterview

Name: ....

Störung: ....

Pfeil und nachdenklicher Schüler © Magnus Siemens

Beantworte die folgenden Fragen auf einem Blatt. Lasse dir Zeit damit. Gib dir Mühe, ehrlich auf die Fragen zu antworten.

1. Warum störst du immer wieder den Unterricht?
2. Was empfindest du als störend?
3. Störst du nur in diesem Fach den Ablauf durch dein Verhalten?
4. Bist du mit den an dich gestellten Aufgaben überfordert?
5. Wenn ja, wo liegen für dich die Schwierigkeiten?
6. Oder ist es ganz anders und du empfindest die Unterrichtsinhalte als zu leicht?
7. Wie müsste dein Wunschunterricht aussehen?

Verringerung der räumlichen Distanz

Klasse 5–10

keine Materialien

Unterrichtsstörung

Zwei Schüler unterhalten sich während des Unterrichts. Sie sind vom Unterrichtsgeschehen abgelenkt und nur aufeinander fixiert.

Maßnahme

Sie suchen die räumliche Nähe zu den störenden Schülern, nehmen sich einen Stuhl und setzen sich zu ihnen.

Ziel der Maßnahme

Die Schüler nehmen ihre Aktion wahr und stellen ihr Privatgespräch ein.

Vorbereitung

Es ist keine Vorbereitung nötig.

So geht's

Sie gehen langsam in Richtung der sich unterhaltenden Schüler, nehmen sich einen Stuhl und setzen sich zu den beiden. Die Schüler nehmen Sie wahr, sind unter Umständen irritiert und konzentrieren sich wieder auf das Unterrichtsgeschehen.

Tipp

Diese Maßnahme profitiert vom Überraschungsmoment. Sie können auch fragen, worum es bei der Unterhaltung geht, da Sie gerne mitreden würden. Provozieren Sie auch gerne: „Was ihr beide besprecht, gehört doch sicherlich zum Thema? Bestimmt interessiert das auch den Rest der Klasse."

Drei-Schritt-Methode

Klasse 5–10

keine Materialien

Unterrichtsstörung

Sie verteilen ein Arbeitsblatt. Der Schüler fragt voreilig nach, obwohl der Arbeitsauftrag noch nicht erklärt ist bzw. er ihn noch nicht durchgelesen hat.

Maßnahme

Der Schüler wird an die Drei-Schritt-Methode erinnert, die Sie zuvor gemeinsam erarbeitet haben.

Ziel der Maßnahme

Der Schüler lernt, sich vorerst zurückzunehmen, abzuwarten und sich möglichst den Arbeitsauftrag selbst zu erschließen.

Vorbereitung

Machen Sie die Schüler in einer vorherigen Stunde mit der Drei-Schritt-Methode vertraut.

So geht's

Die Bearbeitung der schriftlichen Aufgaben erfolgt in drei Schritten:

1. Abwarten
2. Ein- bis 2-maliges Lesen des Arbeitsauftrags
3. Nachfragen bei Nichtverstehen

Nachdem Sie Arbeitsblätter verteilt haben, wartet der Schüler ab, bis er das Arbeitsblatt vor sich liegen hat, und beginnt zu lesen. Versteht er nach einmaligem Lesen den Arbeitsauftrag nicht, liest er ein zweites Mal. Erst, wenn er die Aufgabe dann immer noch nicht versteht, kommt er zu Ihnen und bittet Sie um Hilfe.

Akustisches Signal zum Unterrichtsbeginn

Klasse 5–10

Materialien

✔ Instrument (z. B. Klangschale, Tamburin, Triangel oder Glocke)

Unterrichtsstörung

Die Schüler laufen kreuz und quer durch den Klassenraum. Einige holen ihre Materialien, andere wiederum sitzen auf den Tischen und unterhalten sich miteinander. Es herrscht ein hoher Lärmpegel. Den Lehrer haben sie noch nicht wahrgenommen.

Maßnahme

Um den Unterrichtsbeginn zu signalisieren, wird ein akustisches Signal eingesetzt.

Ziel der Maßnahme

Alle Schüler setzen sich auf ihren Platz und der Lärmpegel sinkt.
Das Klangsignal ist allen vertraut und bildet ein festes Ritual.

Vorbereitung

Das akustische Signal wird zu Beginn des Schuljahres als festes Ritual eingeführt. Das dazu eingesetzte Instrument liegt auf dem Lehrerpult.

So geht's

Zu Beginn des Unterrichts senden Sie das akustische Signal aus. Die Schüler wissen, dass der Unterricht sofort beginnt und begeben sich leise an ihre Plätze.

Tipp

Erklären Sie, dass das akustische Instrument ausschließlich von Ihnen bedient wird.

Klassenrap

Klasse
5–7

keine Materialien

Unterrichtsstörung

Der Schüler unterbricht den Unterricht durch störende Geräusche, wie z. B. Brummen, Summen oder Grunzen.

Maßnahme

Der Schüler schreibt einen Klassenrap.

Ziel der Maßnahme

Der Schüler unterlässt die Zwischengeräusche.

Vorbereitung

Sie haben keine Vorbereitung. Der Schüler ist an der Reihe.

So geht's

Der Schüler überdenkt sein Fehlverhalten und erstellt daraus einen kreativen Song – seinen eigenen Klassenrap. Die Störgeräusche lassen sich gut in den Rap einbauen. Diesen trägt er der Klasse vor.

Tipp

Die Sanktion fördert zusätzlich die Kreativität und das Selbstbewusstsein des Schülers wird gestärkt. Vielleicht ist ihm der Vortrag vor der Klasse auch ein bisschen peinlich. Nicht schlimm! Geräusche, wie das Grunzen, Summen und Brummen, sind ja auch nicht unbedingt ein Hörgenuss für seine Lehrer und Mitschüler.

Einführung der Freundlichkeitsminuten

Klasse 5–10

Materialien

- ✔ Pappplakat (DIN A1)
- ✔ leere DIN A5 Zettel für jeden Schüler

Unterrichtsstörung

Die Schüler gehen unfreundlich miteinander um, beschimpfen sich oftmals und beachten weder Höflichkeitsregeln noch einen angemessenen Umgangston.

Maßnahme

Es werden „Freundlichkeitsminuten" eingeführt, die von den Schülern selbst erarbeitet werden.

Ziel der Maßnahme

Die Schüler erinnern sich an einen angemessenen Umgangston, trainieren ihn ganz bewusst am Anfang der Stunde und behalten ihn so lange wie möglich bei.

Vorbereitung

Es ist keine Vorbereitung nötig.

So geht's

Thematisieren Sie die Unhöflichkeiten in der Klasse und besprechen Sie mit den Schülern, wie man sich freundlich, höflich und angemessen verhält. Verteilen Sie die Zettel. Jeder Schüler notiert, was ihm bei dem Thema besonders wichtig ist und wie man freundlich miteinander umgehen kann. Die Zettel werden dann auf einem Plakat gesammelt, das die Überschrift „Freundlichkeitsminuten" bekommt.

Entspannung der Situation mit Humor

Klasse 5–10

keine Materialien

Unterrichtsstörung

Der Schüler versucht, Sie immer wieder durch provozierende Sprüche aus der Fassung zu bringen.

Maßnahme

Durch humorvolles Kontern Ihrerseits entspannen Sie die Situation.

Ziel der Maßnahme

Der Schüler erhält keine Bühne. Sie wandeln die Situation in eine lustige Begebenheit um.

Vorbereitung

Auf solche Situationen kann man sich nur schwer vorbereiten. Sie können sich aber vornehmen, auf die eine oder andere Situation humorvoll zu reagieren.

So geht's

Der Schüler hat die Absicht, Sie mit seinen Sprüchen zu provozieren. Sie kontern sehr humorvoll auf diese Provokation. Zeigen Sie dem Schüler, dass die Chefposition schon durch Sie besetzt ist.

Tipp

Einige Sprüche sollten Sie besser ignorieren, um der Störung keine Bühne zu geben. Die Reaktion nimmt unter Umständen zu viel Raum ein, sodass wertvolle Unterrichtszeit verloren geht. Der Schüler wird sich ärgern, dass er mit seinem Störversuch keinen Erfolg hatte. Sie reagieren genauso, wie er es nicht erwartet hat. Manchmal benutzt der Schüler seine „eigene Sprache" – dann antworten Sie in „seiner Sprache".

Unerwartete Reaktionen

Klasse 5–10

keine Materialien

Unterrichtsstörung

Der Schüler provoziert Sie verbal und möchte Sie so aus der Reserve locken.

Maßnahme

Sie ignorieren ihn zunächst. Bei der nächsten provozierenden Bemerkung des Schülers reagieren Sie genauso, wie es der Schüler nicht von Ihnen erwartet.

Ziel der Maßnahme

Der Schüler soll irritiert werden. Er ist verblüfft und unterlässt die Provokationen.

Vorbereitung

Sie kennen Ihre Schüler und wissen am besten, wer in Ihrer Klasse gerne durch Provokationen auffällt. Sie können sich mögliche Reaktionen Ihrerseits bereits im Vorfeld überlegen.

So geht's

Stellen Sie sich vor, ein Schüler stört z. B. durch lautes Schreien den Unterricht. Fragen Sie ihn, ob sie ihm helfen können, ob er vielleicht sogar einen Arzt braucht. Der Schüler wird irritiert sein.
Antworten Sie auf provozierende Fragen einfach mit Antworten, die nicht von Ihnen erwartet werden. Beispiel: „Sollen wir alles von der Tafel abschreiben?" Sie antworten: „Nein, du kannst auch nur jedes zweite Wort abschreiben."

Tipp

Diese Maßnahme deeskaliert so manche Situation und macht im besten Fall den Störer mundtot. Die Lacher haben Sie auf Ihrer Seite. Im besten Fall lacht auch der Störenfried.

Einzelsitzplatz und Lärmschutzkopfhörer

Klasse 5–10

Materialien

- ✔ Lärmschutzkopfhörer
- ✔ Arbeitsblätter mit schriftlichen Arbeitsaufträgen zu den Unterrichtsinhalten

Unterrichtsstörung

Der Schüler schafft es nicht, dem Unterrichtsgeschehen zu folgen, weil er ständig abgelenkt wird. Er reagiert sofort auf Unruhe und ist damit beschäftigt, seine Mitschüler zu beobachten. Es gelingt ihm nicht, dem Unterricht aufmerksam zu folgen und sich in Arbeitsphasen auf seine Aufgaben zu konzentrieren.

Maßnahme

Der Schüler erhält einen Einzelsitzplatz und einen Lärmschutzkopfhörer.
Er erhält seine Aufgaben in schriftlicher Form.

Ziel der Maßnahme

Der Schüler schafft es, sich auf seine Aufgaben zu konzentrieren, und wird nicht durch Nebengeräusche abgelenkt.

Vorbereitung

Stellen Sie im Vorfeld die Methode im Rahmen eines Elternabends vor. In der Klasse sollten einige Lärmschutzkopfhörer zur Verfügung stehen. Sie können die Kopfhörer über die Klassenkasse anschaffen oder einen Antrag über den Förderverein der Schule stellen. Alternativ bringt der Schüler einen eigenen Kopfhörer mit.
Bereiten Sie Arbeitsblätter für den Schüler vor, die er in Stillarbeit selbstständig bearbeiten muss.

So geht's

Wenn Sie merken, dass der Schüler unruhig und unkonzentriert wird, weisen Sie ihm einen Einzelsitzplatz zu und geben ihm den Lärmschutzkopfhörer sowie die schriftlichen Arbeitsaufträge.

Tipp

Bevor diese Methode eingeführt wird, können die Eltern sich zunächst mit ihren Kindern zu Hause darüber beraten. Ganz nach dem Motto: „Überlegen Sie mit Ihrem Kind zu Hause in Ruhe, ob es einen solchen Kopfhörer möchte oder nicht."

Die Kopfhörer können auch in anderen Phasen des Unterrichts eingesetzt werden. Schüler, die selber feststellen, dass sie zum Arbeiten bei der Stillarbeit mehr Ruhe brauchen, können sich mit dem Aufsetzen des Kopfhörers vor zusätzlichen Ablenkungen schützen. Erfahrungen mit Lärmschutzkopfhörern haben gezeigt, dass sie vor allen Dingen das Konzentrationsvermögen der Schüler steigern.

Die Lärmschutzkopfhörer können Sie über das Internet bestellen oder im Baumarkt kaufen.

Einen interessanten Artikel über Lärmschutzkopfhörer im Unterricht finden Sie hier:
www.abendblatt.de/hamburg/article207423973/Warum-Schueler-im-Unterricht-Kopfhoerer-tragen.html

Rituale festlegen

Klasse 5–10

Materialien

- ✔ Pappplakat (DIN A1)
- ✔ dicke Filzstifte

Unterrichtsstörung

Der Schüler stört den Unterricht durch häufiges Aufstehen und Herumlaufen in der Klasse. Auf Nachfragen kommen Sätze wie: „Ich hole nur eben etwas aus meinem Fach.“, „Ich muss kurz anspitzen.“, „Ich wollte nur kurz meinen Müll wegbringen.“

Maßnahme

Es werden folgende Rituale als verbindliche Regeln festgelegt:

1. Jeder Schüler hat in der Wechselpause (Fünf-Minuten-Pause) seine für die nächste Unterrichtsstunde benötigten Materialien auf seinem Arbeitsplatz bereitzulegen.
2. Alle anderen „Gänge“ werden ebenfalls in den Wechselpausen oder nach Stundenschluss erledigt.

Ziel der Maßnahme

Der Schüler hält sich an die vereinbarten Rituale. Das häufige Herumlaufen reduziert sich deutlich. Alle Schüler erkennen die Vorteile der festgelegten Rituale und weisen sich gegenseitig darauf hin.

Vorbereitung

Es ist keine Vorbereitung nötig.

So geht's

Im Rahmen einer Klassenstunde, möglichst in der ersten Unterrichtswoche des Schuljahres, werden diese Verhaltensregeln mit den Schülern erörtert. Es ist sinnvoll, die Rituale auf ein Plakat zu schreiben und dieses für alle Schüler sichtbar im Klassenraum aufzuhängen. Sie gehören ab sofort zu den festen Klassenregeln. Alle Schüler stimmen ihnen zu.

In den ersten Wochen nach der Vereinbarung sollten Sie die Schüler jeweils am Wochenbeginn an die Rituale erinnern. Ggf. besprechen Sie noch einmal die Inhalte und den Sinn der Rituale mit Ihren Schülern.

Tipp

Diese Maßnahme ermöglicht allen Schülern den zeitlich parallelen Arbeitsbeginn. Wenn jeder noch zu Beginn Ihres Unterrichts seine nötigen Unterlagen suchen muss, geht wertvolle Unterrichtszeit verloren.
Es wird sicherlich eine gewisse Zeit dauern, bis alle Schüler diese Regeln verinnerlicht haben. Wenn sich die Rituale jedoch eingespielt haben, können Sie künftig neue Gewohnheiten einführen. Schüler lernen recht schnell, dass feste Strukturen ihnen helfen, störungsfrei und erfolgreich zu lernen. Bedenken Sie immer, dass es einigen Schülern leichter fällt als anderen Schülern, sie einzuhalten. Unterstützen Sie die Schüler dann durch nonverbale Hinweise.

Bewegungsaufgaben und Botengänge

Klasse 5–6

keine Materialien

Unterrichtsstörung

Der Schüler stört durch häufiges Aufstehen und Herumlaufen und ist motorisch sehr unruhig. Nicht immer kann er einen Grund dafür benennen. Wenn er an seinem Platz sitzt, macht er oft unkontrollierte Bewegungen.

Maßnahme

Der Schüler erhält zusätzliche Aufgaben, bei denen er sich öfter bewegen muss. Er muss z. B. bestimmte Botengänge erledigen.

Ziel der Maßnahme

Dem motorisch unruhigen Schüler werden Gelegenheiten eingeräumt, die ihm zusätzliche Bewegung verschaffen. Wenn es so gelingt, seinen Bewegungsdrang zu stillen, wird er den Unterricht weniger durch sein Herumlaufen stören.

Vorbereitung

Sie sollten für diesen Schüler immer bestimmte Arbeitsaufträge, die seinem Bewegungsdrang entgegenkommen, bereithalten.

So geht's

Der Schüler kann z. B. die Aufgabe des „Austeilers" übernehmen. Botengänge, wie etwa neue Kreide aus dem Sekretariat zu holen, sind eine Möglichkeit.

Tipp

Schüler, die eine auffällige, motorische Unruhe an den Tag legen, werden Sie nicht durch ständiges Ermahnen dazu bringen, ruhig an ihrem Platz sitzen zu bleiben. Es können auch körperliche Ursachen vorliegen, denen Sie im Elterngespräch nachgehen sollten.

Versteinern

Klasse 5–6

Materialien

- ✔ CD-Player
- ✔ Musik-CDs

Unterrichtsstörung

Der Schüler stört den Unterricht durch häufiges Aufstehen und Herumlaufen in der Klasse. Er wirkt permanent motorisch unruhig. Auch Ermahnungen halten ihn nicht von seinem Störverhalten ab. Ruhig an seinem Platz sitzen zu bleiben, fällt ihm offensichtlich sehr schwer.

Maßnahme

Nicht nur der störende Schüler, sondern alle Schüler machen eine kurze Pause mit einer Entspannungsübung. Sie bewegen sich und „versteinern" abwechselnd.

Ziel der Maßnahme

Die Schüler lernen, sich kurzfristig zu entspannen, um sich dann wieder neu zu konzentrieren. Allen, aber speziell dem unruhigen Schüler wird die Möglichkeit der Bewegung und Entspannung gegeben.

Vorbereitung

Die Stühle werden hochgestellt, damit Platz für die Bewegung geschaffen wird. Stellen Sie ggf. passende Musik bereit.

So geht's

Auf ein Signal von Ihnen laufen die Schüler entweder rhythmisch klatschend oder zu einer Begleitmusik durch den Klassenraum. Auf ein entsprechendes Signal von Ihnen, z. B. Handheben, oder durch die Unterbrechung der Begleitmusik bleiben die Schüler stehen und verbleiben in dieser Situation. Sie halten die Körperspannung, bis Sie erneut ein Signal geben oder die Musik weiterlaufen lassen.

Diese Übung stellt eine schöne Abwechslung für Ihre Schüler dar. Sie entspannen und können danach konzentrierter weiterarbeiten.

Tipp

Besonders motivierend ist, wenn die Schüler ihre eigene Musik mitbringen dürfen. Witzig finden sie es, wenn auch Sie bei dem „Versteinern" mitmachen und einer Ihrer Schüler das „Kommando" übernimmt.
Es ist kein großer Zeitverlust, diese Übung drei bis fünf Minuten in Ihren Unterricht einzubauen. Sie sollten diese Phase auch nutzen, um den Klassenraum einmal kurz durchzulüften. Anschließend können Sie den Schülern noch erlauben, einen Schluck Wasser zu trinken, um dann wieder an die Arbeit zu gehen.
Diese Maßnahme kann auch gut als Belohnung eingesetzt werden.

Luftdrücken

Klasse 5–6

keine Materialien

Unterrichtsstörung

Ein oder mehrere Schüler stören den Unterricht durch häufiges Aufstehen und Herumlaufen. Ruhig zu sitzen, gelingt den Schülern nur über kurze Zeitspannen.

Maßnahme

Sie führen gemeinsam mit den Schülern eine Entspannungsübung durch: Arme und Hände in die Luft drücken.

Ziel der Maßnahme

Die Maßnahme kommt dem Bewegungsdrang der Schüler entgegen. Sie haben die Möglichkeit, sich kurz zu entspannen, und können dann während der nächsten Unterrichtsphase wieder relativ ruhig an ihren Plätzen arbeiten.

Vorbereitung

Die Stühle werden in einen Sitzkreis gestellt.

So geht's

Zunächst versammeln Sie die Schüler im Stuhlkreis. Stellen Sie Ihren Stuhl mit in den Kreis. Alle sitzen gerade an die Lehne angelehnt auf ihren Stühlen. Die Arme werden mit den Händen in Richtung Decke ausgestreckt. Danach wird der Körper nach vorn gebeugt und die Innenflächen berühren den Boden vor dem Stuhl. Diese Bewegung wird mehrmals wiederholt.

Tipp

Die Übung lässt sich immer wieder gut in den Unterrichtsablauf einbauen und kann variabel 5- bis 10-mal wiederholt werden.

Toilettenplan

Klasse 5–6

Materialien

- ✔ Kopiervorlage „Toilettenplan“ (S. 55)
- ✔ Stift
- ✔ Schnur

Unterrichtsstörung

Der Schüler meldet sich unverhältnismäßig häufig, um einen Gang zur Toilette anzumelden.

Maßnahme

Es wird ein verbindlicher Toilettenplan entwickelt. Der Schüler muss lernen, dass nur bestimmte Zeiten für die Toilettengänge zur Verfügung stehen. Alternativ arbeiten Sie vorübergehend mit einer Liste, in der sich die Schüler eintragen müssen.

Ziel der Maßnahme

Das wiederholte Stören durch den Schüler, der sich durch häufige Toilettengänge Auszeiten vom Unterricht verschaffen möchte, wird deutlich eingeschränkt. Die Dokumentation führt langfristig dazu, dass sich die Zahl der Toilettengänge nach und nach reduzieren wird.

Vorbereitung

Kopieren Sie den Toilettenplan und binden Sie einen Stift an eine Schnur, die Sie neben dem Toilettenplan befestigen.

So geht's

Teilen Sie Ihren Schülern mit, dass Sie beobachtet haben, dass zu viele Gänge zur Toilette zu Störungen im Unterrichtsablauf führen. Auch die verpasste Unterrichtszeit müssen Sie den Schülern verdeutlichen.
Stellen Sie den Schülern den Toilettenplan vor. Ab sofort gilt die Regel: Wer auf die Toilette geht, trägt sich vorher dort ein. Hängen Sie den Plan in der Nähe der Tür auf.

Anhand des Planes können Sie sehr schnell feststellen, welcher Ihrer Schüler häufig eingetragen ist. Für diese Schüler sollten Sie zusätzlich ein Vier-Augen-Gespräch anbieten.

Tipp

In vielen Schulen gibt es bezüglich der Toilettengänge während des Unterrichts ganz klare Regeln, die sich in der Schulordnung finden. Trotz der Verankerung in der Schulordnung kommt es in Ihrer Lerngruppe zu gehäuften Toilettengängen. Also brauchen Sie eine Lösung! Individuelle Regelungen werden erforderlich, wenn Sie feststellen, dass der Toilettengang bei einigen Schülern überhandnimmt.

Grundsätzlich stehen den Schülern immer die Pausen für diese Gänge zur Verfügung. Und natürlich gibt es Ausnahmen, die man als Lehrer immer tolerieren sollte. Es kann auch gesundheitliche Ursachen haben, wenn ein Schüler evtl. mehrere Gänge machen muss. Klären Sie das mit dem Schüler im Vier-Augen-Gespräch. Dann können Sie entsprechende Zielvereinbarungen mit dem Schüler aushandeln und diese ggf. verschriftlichen.

Es empfiehlt sich, mit dem jeweiligen Schüler ein Zeichen zu vereinbaren, damit der Unterricht reibungslos weiterlaufen kann. Dies kann ein nonverbaler Hinweis oder eine Karte sein, die der Schüler auf seinem Platz hinterlegt, wenn er zur Toilette muss.

Toilettenplan

Schulwoche vom .... bis zum ....

Zeit: **Gehen**	Zeit: **Kommen**	**Name**

Trage in das erste Feld ein, um wie viel Uhr du die Klasse verlässt.

In das zweite Feld trägst du die Zeit ein, wenn du wieder zurück in der Klasse bist.

Deinen Namen trägst du in das dritte Feld ein.

Fünf Minuten im Stehen arbeiten

Klasse 5–10

keine Materialien

Unterrichtsstörung

Der Schüler kippelt ständig mit seinem Stuhl.

Maßnahme

Der Schüler steht fünf Minuten lang vor seinem Tisch und arbeitet im Stehen.

Ziel der Maßnahme

Der Schüler reflektiert sein Verhalten und bemüht sich, künftig ohne Stuhlkippeln zu sitzen.

Vorbereitung

Ermahnen Sie den Schüler 2-mal, das Kippeln einzustellen. Dann kündigen Sie ihm die Maßnahme an.

So geht's

Wenn der Schüler erneut kippelt, fordern Sie ihn auf, sich vor seinen Tisch zu stellen und fünf Minuten stehend weiterzuarbeiten.

Tipp

Bei besonders unruhigen Schülern muss man die Maßnahme häufiger wiederholen. Alternativ können solche Schüler auch ihren Arbeitsplatz an einem Stehpult einnehmen und häufiger mit dem sitzenden Arbeitsplatz abwechseln.
Bei Schülern, die sich die Kippelbewegung angewöhnt haben, lässt sie sich auf diese Weise leichter abstellen.

Ordnungsdienst

Klasse 5–10

keine Materialien

Unterrichtsstörung

Der Schüler kippelt ständig mit seinem Stuhl.

Maßnahme

Der Schüler übernimmt für eine Woche den Ordnungsdienst, d. h., er stellt nach dem Unterricht alle Stühle hoch.

Ziel der Maßnahme

Der Schüler wird täglich daran erinnert, dass er nicht mit dem Stuhl kippeln darf.

Vorbereitung

Die Maßnahme „Fünf Minuten im Stehen arbeiten" (S. 56) wurde bereits durchgeführt, hat aber nicht zur gewünschten Verhaltensänderung geführt.

So geht's

Sollte der Schüler zum wiederholten Male kippeln, geben Sie ihm die Aufgabe, eine Woche lang jeweils nach Unterrichtsschluss seinen Stuhl und die Stühle seiner Mitschüler hochzustellen.

Tipp

In der Regel zeigt sich der Schüler einsichtig. Ist ein Schüler aber dauerhaft motorisch unruhig, kann man ihn nicht ständig mit diesem Ordnungsdienst sanktionieren.

Wechselnde Sitzmöbel

Klasse 5–10

Materialien

✔ mehrere Sitzbälle (Gymnastikbälle)

Unterrichtsstörung

Der Schüler ist in der Sitzhaltung sehr unruhig. Er bewegt sich auf seinem Stuhl hin und her. Es gelingt ihm nicht, über einen längeren Zeitraum still zu sitzen.

Maßnahme

Der Schüler tauscht seinen Stuhl gegen einen Sitzball.

Ziel der Maßnahme

Der Schüler nimmt eine andere Sitzhaltung ein. Er kann nicht mehr kippeln.

Vorbereitung

Im Klassenraum benötigen Sie zusätzlich zu den Stühlen Sitzbälle. Es muss genügend Platz vorhanden sein. Die Anschaffung von Sitzbällen wird durch die Schulkonferenz beschlossen.

So geht's

Der motorisch unruhige Schüler bekommt von Ihnen die Anweisung, seinen Stuhl gegen den Sitzball auszutauschen.

Tipp

Im Internet gibt es zahlreiche Hinweise für den Einsatz von Sitzbällen im Unterricht. Ich empfehle Ihnen die Seite des DGUV-Spitzenverbands: www.sichere-schule.de/unterrichtsraum/unterrichtsraum/sitzballe

Kartenspiel

Klasse 5–10

Materialien

- ✔ Porträtfoto von jedem Schüler
- ✔ Laminierfolien und Laminiergerät
- ✔ Folienstift

Unterrichtsstörung

Einzelne Schüler sind permanent abgelenkt und unterhalten sich mit ihren Nachbarn. Insgesamt herrscht ein sehr unruhiges Lernklima mit unterschwelliger Geräuschkulisse.

Maßnahme

Die Sitzordnung wird spielerisch verändert.

Ziel der Maßnahme

Durch einen optimalen Sitzplatz konzentrieren sich die Schüler auf das Unterrichtsgeschehen und lassen sich nicht mehr so leicht ablenken.

Vorbereitung

Fotografieren Sie zu Beginn des Schuljahres jeden Schüler Ihrer Klasse. Dann laminieren Sie jedes Bild und versehen es mit dem Namen des Schülers. Alternativ bringt jeder Schüler ein Foto von sich mit.

So geht's

Vor dem Unterricht legen Sie die Fotokarten auf die einzelnen Schülerplätze. So legen Sie fest, wer welchen Platz einnimmt. So können Sie täglich, wöchentlich oder monatlich „die Karten neu legen". Sie können diese Methode auch je nach Bedarf anwenden.

Zeitkarte

Klasse 5–10

Materialien

✔ Kopiervorlage „Zeitkarte für ..." (S. 61)

Unterrichtsstörung

Der Schüler trödelt. Er beginnt später als seine Mitschüler mit der Bearbeitung seiner Aufgaben.

Maßnahme

Der Schüler bekommt eine Zeitkarte, auf der ihm die verpasste Arbeitszeit mitgeteilt wird. Die fehlende Unterrichtszeit muss er nachholen.

Ziel der Maßnahme

Der Schüler beginnt in Zukunft seine Aufgaben gleichzeitig mit seinen Mitschülern.

Vorbereitung

Kopieren Sie die Zeitkarten und haben Sie sie griffbereit auf dem Lehrerpult liegen.

So geht's

Sie beobachten den trödelnden Schüler und stellen fest, mit wie vielen Minuten Verspätung er mit seiner Aufgabe beginnt. Diese Zeit notieren Sie auf der Zeitkarte und legen diese kommentarlos auf seinen Platz. Parallel führen Sie eine Liste, in der Sie die Zeiten eintragen. Addieren Sie am Ende der Woche die verpassten Zeiten und vereinbaren Sie mit dem Schüler einen Termin für die Nachholzeit.

Zeitkarte für ....

Leider hast du wieder verspätet mit deiner Aufgabe begonnen.

Du hast jetzt .... Minusminuten.

Zeitkarte für ....

Leider hast du wieder verspätet mit deiner Aufgabe begonnen.

Du hast jetzt .... Minusminuten.

Zeitkarte für ....

Leider hast du wieder verspätet mit deiner Aufgabe begonnen.

Du hast jetzt .... Minusminuten.

Zeitkarte für ....

Leider hast du wieder verspätet mit deiner Aufgabe begonnen.

Du hast jetzt .... Minusminuten.

Zusatzhausaufgabe

Klasse 5–10

Materialien

✔ angefangenes Aufgabenmaterial aus der Unterrichtsstunde

Unterrichtsstörung

Dem Schüler gelingt es nicht, seine Aufgaben in dem vorgegebenen Zeitrahmen zu erledigen. Er beginnt motiviert mit der Arbeit, hört aber irgendwann auf und stört den Unterricht. Trotz Aufforderung schafft er es nicht, die Aufgaben abzuschließen.

Maßnahme

Der Schüler bekommt den Auftrag, die nicht fertiggestellten Aufgaben zusätzlich zu den Hausaufgaben zu erledigen.

Ziel der Maßnahme

Der Schüler bemüht sich künftig, störungsfrei und zeitgleich mit seinen Mitschülern die an ihn gestellten Aufgaben zu erledigen.

Vorbereitung

Alle Schüler sind darüber informiert, dass sie eine Zusatzhausaufgabe erhalten, wenn sie Aufgaben nicht erledigen und den Unterricht stören.

So geht's

Sie erklären den Arbeitsauftrag und geben den Zeitrahmen vor. Erinnern Sie daran, dass es sich um eine Stillarbeitsphase handelt. Sobald der Schüler den Unterricht stört, geben Sie ihm die Zusatzhausaufgabe.

Tipp

Wenn Ihre Schüler mit der Vorgehensweise vertraut sind, müssen Sie nicht bei jedem Verstoß erneut damit drohen, dass nicht erledigte Arbeiten zu Hause fertiggestellt werden müssen.

Isoliertes Nacharbeiten

Klasse 5–10

keine Materialien

Unterrichtsstörung

Der Schüler kommentiert lautstark die an ihn gestellten Aufgaben. Er meckert, motzt und stört die anderen Schüler.

Beispiele: „Ich habe keinen Bock auf das Arbeitsblatt.", „Das habe ich schon 1000-mal gemacht.", „Mach doch das Arbeitsblatt selbst."

Auch nach Ermahnungen beruhigt er sich nicht.

Maßnahme

Der Schüler muss den Raum verlassen und in einem anderen Raum arbeiten.

Ziel der Maßnahme

Der Unterricht kann störungsfrei weitergeführt werden. Die übrigen Schüler werden nicht mehr abgelenkt. Der Schüler erledigt seine Aufgabe.

Vorbereitung

Besprechen Sie mit der Klasse, was bei einer solchen Störung passieren wird. Klären Sie, wo der Schüler arbeiten kann und ob die Aufsicht gewährleistet ist.

So geht's

Der Schüler wird nach erfolgloser Ermahnung durch Sie aufgefordert, in einen anderen Raum zu gehen, um dort allein weiterzuarbeiten.

Tipp

Sollte keine Ausweichmöglichkeit zur Verfügung stehen, ist es sinnvoll, sich mit den Kollegen abzusprechen, die in solchen Fällen einen Schüler in ihrer Klasse arbeiten lassen.

Dialoggespräch

Klasse 5–10

Materialien

- ✔ Kopiervorlage „Einladung zum Dialoggespräch“ (S. 66)
- ✔ Kopiervorlage „Elternbrief“ (S. 67)

Unterrichtsstörung

Der Schüler sitzt ruhig an seinem Arbeitsplatz, aber beginnt nicht mit seiner Arbeit. Das zu bearbeitende Arbeitsblatt liegt vor ihm. Trotz Aufforderung macht er keine Anstalten, seine Aufgabe zu erledigen.

Maßnahme

Der Schüler erhält von Ihnen eine Einladung zum Dialoggespräch. Das Gespräch führen Sie später ganz in Ruhe mit ihm.

Ziel der Maßnahme

Der Schüler beginnt zukünftig zeitgleich mit seinen Mitschülern seine Aufgaben.

Vorbereitung

Sie haben mit allen Schülern besprochen, dass sie von Ihnen eine Einladung zum Dialoggespräch erhalten, wenn sie die Arbeit verweigern. Halten Sie stets einige kopierte Einladungskarten bereit.

So geht's

Sie stellen fest, dass der Schüler nicht bereit ist, seine Aufgaben zu erledigen. Er weigert sich auch nach wiederholter Aufforderung. Sie legen ihm die „Einladung zum Dialoggespräch“ auf den Tisch. Das Gespräch führen Sie dann zur anberaumten Zeit mit dem Schüler unter vier Augen.
Der Schüler ist verpflichtet, diesen Gesprächstermin mit Ihnen wahrzunehmen. Sollte er zum mitgeteilten Termin nicht erscheinen, schreiben Sie eine kurze Mitteilung an die Erziehungsberechtigten. Ein Beispiel für eine solche Einladung finden Sie in der Kopiervorlage „Elternbrief“.
Erscheint der Schüler zum Gespräch, gehen Sie freundlich auf ihn zu. Warten Sie zunächst ab, ob der Schüler von sich aus mit dem Gespräch beginnt.

Es kann die unterschiedlichsten Gründe für die Verweigerung geben. Versuchen Sie durch behutsames Fragen, diese Gründe herauszufinden. Es kann z. B. sein, dass der Schüler mit den an ihn gestellten Aufgaben über- oder unterfordert ist. Nur sehr selten lautet die Begründung: „Ich hatte einfach keine Lust." In diesem Fall müssen Sie dem Schüler sehr deutlich klarmachen, dass er die Leistung verweigert und dass eine nicht erbrachte Leistung eine ungenügende Beurteilung nach sich zieht.

Tipp

Wenn Sie sich zu lange mit dem sich verweigernden Schüler aufhalten, geht Ihnen wertvolle Unterrichtszeit für die Lerngruppe verloren. Sie merken schnell, ob es Ihnen gelingt, den sich verweigernden Schüler umzustimmen. Machen Sie sich in solchen Situationen immer klar, dass Sie die Verantwortung für die ganze Lerngruppe tragen. Ein Arbeitsverweigerer hält Sie und die anderen Schüler auf. Sie können ihn nicht zur Arbeit zwingen. Das Arbeitsangebot haben Sie ihm gemacht und versucht, ihn durch wiederholte Ermahnungen zu ermutigen. Mehr können Sie nicht tun.

Einladung zum Dialoggespräch

Liebe/r ....,

ich habe dir heute Aufgaben zur Bearbeitung gegeben.
Leider hast du mit der Arbeit nicht angefangen. Ich konnte dich nicht dazu motivieren, deine Arbeit zu erledigen.
Das finde ich sehr schade.

Warum du dich heute so verweigert hast, weiß ich leider nicht.

Ich lade dich am .... um .... Uhr

zu einem Dialoggespräch in Raum .... ein.

Lass uns darüber reden, was los war und wie ich dir dabei helfen kann, die verpassten Lerninhalte aufzuarbeiten.

Viele Grüße

....

Elternbrief

Datum: ....

An die Erziehungsberechtigten der Schülerin/des Schülers

....

Sehr geehrte Eltern,

Ihre Tochter/Ihr Sohn .... hat heute in meinem Unterricht ihre/seine Mitarbeit verweigert. Die an sie/ihn gestellten Aufgaben hat sie/er nicht bearbeitet. Leider konnte sie/er, auch nach mehrmaligen Ermahnungen nicht dazu motiviert werden.

Meine Einladung zum Dialoggespräch hat Ihre Tochter/Ihr Sohn nicht wahrgenommen.

Bitte vereinbaren Sie einen Gesprächstermin mit mir.

Mit freundlichen Grüßen

....

Erste-Hilfe-Box

Materialien

✔ Karteikasten oder Schuhkarton mit der Aufschrift „Erste-Hilfe-Box"

Unterrichtsstörung

Nachdem Sie eine Aufgabe gestellt haben, fragt der Schüler immer wieder bei seinen Mitschülern nach und behindert sie dadurch beim Lernen.

Maßnahme

Zu Unterrichtsthemen, die der Schüler nicht allein bearbeiten kann, erhält er eine Erste-Hilfe-Box.

Ziel der Maßnahme

Die Eigenständigkeit des Schülers wird gefördert. Er erarbeitet sich seine Aufgaben selber und stört seine Mitschüler nicht.

Vorbereitung

Sie erstellen eine Erste-Hilfe-Box, in der sich zusätzliche Tipps für die Erarbeitung der Aufgaben befinden. Das können z. B. beim Thema „Freies Schreiben" unterschiedliche Satzanfänge sein, im Fach Mathematik verschiedene Formeln und im Fach Geschichte eine Zeittafel.

So geht's

Immer wenn der Schüler seine Mitschüler durch Nachfragen stört, unterbrechen Sie diese Störungen und verweisen auf die Erste-Hilfe-Box. Er holt sich diese an den Platz und arbeitet damit selbstständig weiter.

Tipp

In der Erste-Hilfe-Box finden sich neben konkreten Hinweisen zur aktuellen Unterrichtsstunde auch allgemeine Hinweise für Arbeitstechniken sowie Lerntipps.

Zeitkontrolleur

Klasse
5–10

Materialien

- ✔ Pappkarten (DIN-A5) mit der Aufschrift „Zeitkontrolleur" für jede Tischgruppe
- ✔ Wanduhr oder Stoppuhren

Unterrichtsstörung

Dem Schüler gelingt es nicht, die an ihn gestellten Aufgaben im vorgegebenen Zeitrahmen zu erledigen.

Maßnahme

Es wird ein Zeitkontrolleur eingesetzt, der darauf achtet, dass alle Schüler in der vorgegebenen Zeit ihre Aufgaben erledigen.

Ziel der Maßnahme

Der Schüler konzentriert sich nur auf seine Aufgabe und nutzt die Hinweise des Zeitkontrolleurs, um im Rahmen der vorgegebenen Zeit die Aufträge zu erledigen.

Vorbereitung

Sie stellen für jede Tischgruppe eine Karte „Zeitkontrolleur" her. Am besten laminieren Sie die Karten, weil sie häufig zum Einsatz kommen. Die Funktion und Aufgaben des Zeitkontrolleurs werden mit allen Schülern besprochen.

So geht's

Ein Schüler innerhalb einer Tischgruppe erhält die Karte „Zeitkontrolleur". Er übernimmt diese Funktion für einen gewissen Zeitraum, bis er die Karte an den nächsten Schüler weitergibt. Für ihn gilt es, darauf zu achten, dass alle Schüler im vorgegebenen Zeitrahmen ihre Aufgaben erledigen. So kann er z. B. Hinweise über die noch verbleibende Arbeitszeit geben.

Märchen schreiben

Klasse 5–6

Materialien

✔ Kopiervorlage „Leitfaden für Märchen“ (S. 71)

Unterrichtsstörung

Der Schüler hat Unterlagen oder Unterschriften vergessen. Er versucht, sich mit einer „märchenhaften“ Ausrede zu entschuldigen.

Maßnahme

Der Schüler erhält eine zusätzliche Hausaufgabe und schreibt ein Märchen.

Ziel der Maßnahme

Der Schüler erkennt, dass er mit Ausreden nicht weiterkommt.

Vorbereitung

Kopieren Sie den „Leitfaden für Märchen“.

So geht's

Sie ermahnen den Schüler für sein Fehlverhalten und er rechtfertigt sich mit einer unglaubwürdigen Ausrede, z. B.: „Das Zeugnis hat unser Hund gefressen.“ Zeigen Sie sich amüsiert und bekunden, dass Sie das Märchen sehr schön finden. Fordern Sie den Schüler auf, das Märchen als Hausaufgabe aufzuschreiben. Damit es wirklich in die Gattung „Märchen“ eingereiht werden kann, bekommt er einen Leitfaden als Hilfe.

Tipp

Sie können einen Ordner mit Schülermärchen anlegen und am Ende der Schulzeit jedem Schüler ein „Märchenbuch“ schenken. Die Sammlung wird kopiert und geheftet. Eine andere Möglichkeit ist eine Märchenwand im Klassenzimmer. Diese Maßnahme trägt zur Erheiterung bei und stellt keinen Schüler bloß.

Leitfaden für Märchen

Märchenmerkmale

- Häufiger Anfang ist: „Es war einmal …"
- Die Zeitform ist Präteritum.
- Es werden viele schmückende Adjektive verwendet.
- Es gibt oft einen Helden.
- Es kommen magische Zahlen vor.
- Tiere können sprechen.
- Es geht um Wünsche.
- Es gibt gute und böse Menschen.
- Manchmal müssen Prüfungen bestanden werden.
- Am Ende geht es immer gut aus (Happy End).
- Häufiges Ende ist: „Und wenn sie nicht gestorben sind, dann …"

Märchenwörter

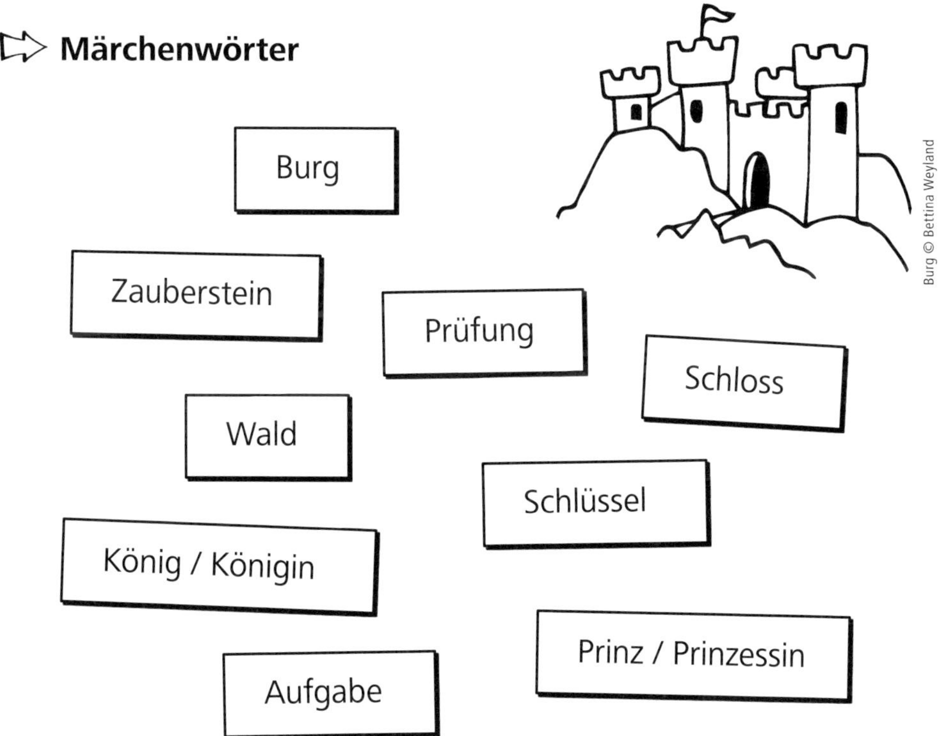

Eigenverantwortlichkeit für die Materialien

Klasse 5–10

Materialien

✔ Kopien des Stundenplanes der Klasse

Unterrichtsstörung

Der Schüler hat häufig die für den Unterricht benötigten Materialien unvollständig oder gar nicht dabei.

Maßnahme

Der Schüler erhält einen Kontrollbogen für jede Unterrichtsstunde.

Ziel der Maßnahme

Der Schüler lernt, dass er für jedes Unterrichtsfach die entsprechenden Materialien dabeihaben muss.

Vorbereitung

Kopieren Sie den Stundenplan mehrfach, je nach Dauer der Maßnahme. Dieser wird nun als Kontrollbogen eingesetzt. Vereinbaren Sie mit dem Schüler, wie lange er die Bögen führen muss.

So geht's

Nach jeder Unterrichtsstunde lässt sich der Schüler durch ein Kürzel des Lehrers in dem entsprechenden Feld des Stundenplanes bestätigen, dass er seine Materialien vollständig dabeihatte.

Tipp

Am Ende jeder Woche sollten Sie die Eintragungen kontrollieren. Bei Unregelmäßigkeiten im Kontrollbogen wird die Dauer der Maßnahme verlängert. Zusätzlich sollte der Schüler eine Liste mit den erforderlichen Unterrichtsmaterialien erstellen, an der er sich orientieren kann.

Obolus für die Klassenkasse

Materialien

✔ Sparschwein

Unterrichtsstörung

Der Schüler vergisst seine Utensilien: sein Federmäppchen, seine Schere, sein Lineal, sein Geodreieck, seinen Klebstoff usw.

Maßnahme

Der Schüler zahlt einen Beitrag an die Klassengemeinschaft.

Ziel der Maßnahme

Künftig bringt der Schüler seine Materialien mit zur Schule.

Vorbereitung

Die Klassengemeinschaft stimmt gemeinsam ab: „Wer ist damit einverstanden, dass jeder, der eins der folgenden Utensilien vergisst, zehn Cent in das Klassensparschwein zahlen muss?“ Gibt es einen mehrheitlichen Beschluss, ist dies künftig eine feste Klassenregel. Erstellen Sie gemeinsam mit den Schülern eine Liste mit Gegenständen, für die bei Vergessen zehn Cent gezahlt wird.

So geht's

Für jedes vergessene Unterrichtsutensil zahlt der Schüler zehn Cent in das Klassensparschwein. Zusammen überlegen die Schüler, was mit dem angesparten Geld gemacht werden soll. Besteht eine Klassenkasse, kann das Geld dort eingezahlt werden.

Tipp

Setzen Sie einen oder zwei Schüler ein, die die Einzahlungen der Zehn-Cent-Stücke überwachen.

Vergesslichkeitstext

Klasse 5–10

Materialien

 Kopiervorlage „Vergesslichkeit" (S. 75)

Unterrichtsstörung

Der Schüler vergisst häufig wichtige Dinge für den Unterricht. Einmal sind es Unterschriften der Erziehungsberechtigten, ein anderes Mal fehlen ihm wichtige Unterlagen, um effektiv im Unterricht mitzuarbeiten. Dazu gehören auch fehlende Hausaufgaben.

Maßnahme

Der Schüler bearbeitet die Vorlage „Vergesslichkeit" und legt sie seinen Eltern vor.

Ziel der Maßnahme

Der Schüler bemüht sich zukünftig, an alle wichtigen Dinge, die den Unterricht betreffen, zu denken und seine Materialien vollständig dabeizuhaben.

Vorbereitung

Sie haben immer einige Kopien des Textes bereitliegen.

So geht's

Sie dokumentieren regelmäßig, welcher Schüler etwas vergessen hat. Hat er 3-mal etwas vergessen, erhält er den Text „Vergesslichkeit" und muss diesen bis zu einem von Ihnen festgelegten Termin abschreiben. Die Lücken im Text muss er mit eigenen Worten füllen.

Tipp

Kommt der Schüler der Aufforderung nicht nach, d. h., er legt Ihnen den Text nicht vor, muss er ihn 2-mal abschreiben. In der Regel wird er sich dann bemühen, der Forderung nachzukommen.

Vergesslichkeit

Ich habe heute zum wiederholten Mal etwas vergessen. Dadurch konnte ich nicht gut im Unterricht mitarbeiten. An Folgendes habe ich nicht gedacht:

....

Das ist für mich richtig unangenehm gewesen, weil ....

....

Mein Vergessen hat immer Auswirkungen auf den Unterricht. Es stört meine Mitschüler. Es beeinträchtigt auch den Lehrer, der mir unter Umständen die Arbeitsblätter ein zweites Mal kopieren muss. Das kostet wertvolle Unterrichtszeit, die für alle verloren geht. In manchen Fällen hat die Vergesslichkeit negativen Einfluss auf meine Noten. Nicht erledigte bzw. vergessene Aufgaben werden mit schlechten Noten beurteilt.
Ich glaube, ich vergesse so oft etwas, weil ....

....

....

Ich könnte das ändern, wenn ....

....

....

Ich nehme mir vor, in der nächsten Zeit an alles Wichtige zu denken. Dazu werde ich meine Schultasche abends in Ruhe für den nächsten Tag packen.

Diesen Text zeige ich meinen Eltern, die ihn zur Kenntnis nehmen und versprechen, mich in meinen guten Vorsätzen zu unterstützen.

....	....	....
(Datum)	*(Unterschrift Schüler/in)*	*(Unterschrift Erziehungsberechtigte/r)*

Knetbälle

Klasse 5–10

Materialien

- ✔ Luftballons für jeden Schüler
- ✔ Mehl oder Vogelsand
- ✔ Trichter
- ✔ Filzstifte

Unterrichtsstörung

Der Schüler zerstört immer wieder unkontrolliert seine eigenen Unterrichtsutensilien (Stifte, Lineal, Radiergummi etc.).

Maßnahme

Der Schüler hat einen oder zwei Knetbälle auf dem Tisch liegen, die er jederzeit nach Bedarf in die Hände nehmen und kneten kann.

Ziel der Maßnahme

Der Schüler kann so Stress abbauen und ersetzt das Zerstören von Utensilien durch aktives Kneten.

Vorbereitung

Sie besorgen die nötigen Materialien und können die Herstellung der Knetbälle in eine Kunststunde oder eine Klassenstunde legen. Geben Sie den Schülern folgende Anleitung dazu: Das Mehl bzw. den Vogelsand langsam mit dem Trichter in den Luftballon füllen. Den Ballon zuknoten. Abschließend den Knetball nach Belieben bemalen.

So geht's

Immer wenn der Schüler beginnt, seine Utensilien zu zerstören, geben Sie ihm die Anweisung, seine Knetbälle in die Hände zu nehmen.

Tipp

Lassen Sie jeden Schüler einen oder mehrere Bälle basteln. Auch diejenigen Schüler, die nicht durch Zerstören von Materialien Stress abbauen, können die Bälle nutzen.

Auf YouTube finden Sie eine Anleitung für Knetbälle von *Besser Gesund Leben*, die Sie auch in der Klasse zeigen können.

Hinweis: Vogelsand staubt weniger als Mehl.

Selbstständige Beschaffung der Arbeitsmaterialien

Klasse 5–10

keine Materialien

Unterrichtsstörung

Der Schüler ist wütend und zerreißt die gerade ausgeteilten Arbeitsblätter.

Maßnahme

Die zerstörten Arbeitsmaterialien muss der Schüler selbstständig neu beschaffen.

Ziel der Maßnahme

Der Schüler lernt, dass ihm das mutwillige Zerstören seiner Materialien nichts bringt und er nun selbst für den Ersatz sorgen muss.

Vorbereitung

Es ist keine Vorbereitung nötig.

So geht's

Der Schüler muss sich um den Ersatz der zerrissenen Arbeitsblätter kümmern. Dazu muss er sich von einem Mitschüler die entsprechende Kopie ausleihen und diese kopieren. Nicht erledigte Aufgaben muss er, ggf. zu Hause, nacharbeiten.

Tipp

Stellen Sie dem Schüler nicht einfach so neues Material zur Verfügung. Er muss lernen, Materialien wertzuschätzen, und bekommt die Aufgabe, sich um Ersatz zu kümmern. Kontrollieren Sie in der nächsten Unterrichtsstunde, ob die Materialien vorhanden und die Aufgaben erledigt sind. Hat er sich keine Kopien besorgt, bekommt er den Auftrag, die Arbeitsblätter von seinem Nachbarn abzuschreiben. Über diese Maßnahme sollten Sie die Eltern informieren.

Vier-Augen-Gespräch

Materialien

✔ ggf. Kopiervorlage „Warum ich wütend bin“ (S. 82)

Unterrichtsstörung

Der Schüler kommt sehr aufgeregt in den Unterricht. Er schimpft lautstark und bricht in unkontrollierte Wut aus.

Maßnahme

Sie führen mit dem Schüler ein Vier-Augen-Gespräch. Sie hören ihm zu und nehmen seine Sorgen ernst.

Ziel der Maßnahme

Die Situation wird deeskaliert, der Schüler beruhigt sich wieder.

Vorbereitung

Auf einen Wutausbruch können Sie sich schwer vorbereiten. Der Ausbruch ist spontan und jeder Schüler verhält sich in einer solchen Situation sehr individuell.

So geht's

Führen Sie möglichst zeitnah ein Vier-Augen-Gespräch mit dem Schüler. Wenn der Schüler dafür nicht zugänglich ist, bieten Sie ihm an, dass er fünf bis zehn Minuten zur Beruhigung in einem anderen Raum oder vor der Klassentür bleiben kann. Stellen Sie ihm einen Mitschüler zur Seite, um sicherzustellen, dass er das Schulgebäude nicht unbeaufsichtigt verlässt.
Sie sollten im Gespräch mit dem Schüler die Ursache für seine Reaktion ergründen. Nur wenn Sie wissen, warum er so überreagiert hat, können Sie ihm helfen. Klären Sie, was passiert ist und warum seine Reaktion so heftig war. Versuchen Sie, ruhig zu bleiben.

Tipp

Wenn möglich, sollte das Gespräch direkt, auf jeden Fall noch am gleichen Tag, geführt werden. Sobald der Schüler für ein Gespräch zugänglich ist, sollten Sie Folgendes beachten:

- ✔ Verwenden Sie Ich-Botschaften.
  Beispiele: „Ich möchte, dass du dich beruhigst.", „Ich möchte ganz in Ruhe wissen, was passiert ist.", „Ich höre dir jetzt zu."
- ✔ Machen Sie dem Schüler keine Vorhaltungen. Falsch wären Sätze wie: „Was hast du dir dabei gedacht, so auszuflippen?", „Spinnst du eigentlich, hier mit deinem Geschrei den Unterricht zu stören?"
- ✔ Bestärken und loben Sie den Schüler, wenn er seine Wut recht schnell in den Griff bekommt.
- ✔ Machen Sie sich in dieser Situation keinesfalls lustig über den Schüler.
- ✔ In dieser Situation hat es Vorrang, den Schüler zu beruhigen und keine weiteren Eskalationen zu provozieren.

Sollte der Schüler nicht mit Ihnen sprechen wollen, sollten Sie einen Kontakt zum Vertrauenslehrer oder einem anderen Kollegen herstellen.
Wenn das nicht funktioniert und Sie verbal keinen Zugang zu dem Schüler finden, können Sie ihn alternativ dazu bewegen, sich zurückzuziehen und seine Sorgen zu verschriftlichen. Die Vorgehensweise ist in der Maßnahme „Verhaltensreflexion" (S. 81) beschrieben. Die Kopiervorlage „Warum ich wütend bin" kann hierbei unterstützen.

Sollten beide Vorschläge nicht greifen und Sie den Schüler nicht beruhigen können, ist es sinnvoll, die Erziehungsberechtigten zu informieren, damit sie ihr Kind abholen.

Verhaltensreflexion

Materialien

✔ Kopiervorlage „Warum ich wütend bin" (S. 82)

Unterrichtsstörung

Der Schüler hat (erneut) einen Wutausbruch. Ein Vier-Augen-Gespräch (S. 79) ist erfolglos geblieben. Der Schüler ist einem Gespräch in keiner Weise zugänglich. Er steigert sich mehr und mehr in seine Wut hinein.

Maßnahme

Der Schüler erhält von Ihnen Anregungen zur Verhaltensreflexion. Er setzt sich in einen anderen Raum und schreibt auf, warum er wütend ist.

Ziel der Maßnahme

Der Schüler reflektiert sein Fehlverhalten und zeigt sich für ein weiteres, klärendes Gespräch bereit. Die Verschriftlichung dient als Gesprächsgrundlage für die anschließende Kommunikation.

Vorbereitung

Sie haben die Kopie „Warum ich wütend bin" immer greifbar.

So geht's

Der Schüler verlässt in Ihrer Begleitung den Klassenraum und erhält in einem freien Raum, im Idealfall im Trainingsraum (siehe S. 130), die Kopiervorlage „Warum ich wütend bin". Darin wird er aufgefordert, sein aggressives Verhalten schriftlich zu begründen. Hat er die Aufgabe erledigt und sieht er sich in der Lage, wieder ruhig am Unterricht teilzunehmen, kehrt er in den Klassenraum zurück. Das ausgefüllte Blatt mit seiner Verhaltensreflexion händigt er Ihnen aus.
Möglichst zeitnah führen Sie dann ein klärendes Gespräch mit ihm.

Warum ich wütend bin

Liebe/r .... ,

du bist gerade ziemlich wütend. Sicherlich gibt es dafür Gründe. Leider konnten wir gerade noch nicht in Ruhe miteinander reden.

Das ist überhaupt nicht schlimm! Erst mal ist es wichtig, dass du dich beruhigst.

Wenn du dich beruhigt hast, kannst du aufschreiben, wer oder was dich so wütend gemacht hat.

Schreibe hier auf, warum du wütend bis:

....

....

....

....

....

....

....

....

Sofortige Hilfsmaßnahme durch Kollegen

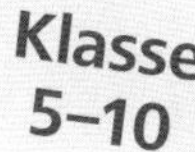

keine Materialien

Unterrichtsstörung

Es kommt zu einem unkontrollierten Gewaltverhalten des Schülers. Die Situation eskaliert, ggf. sind andere Schüler oder Sie selbst gefährdet.

Maßnahme

Sie halten sich an den Hilfeplan, der zuvor mit dem Kollegium vereinbart wurde. Ein Kollege kommt Ihnen sofort zu Hilfe.

Ziel der Maßnahme

Die Deeskalation ist das vorderste Ziel dieser Maßnahme. Das Hinzuziehen eines Kollegen unterstützt dabei.

Vorbereitung

Im Rahmen einer Arbeitsgruppe mit Kollegen oder eines pädagogischen Ganztages mit dem gesamten Kollegium erarbeiten Sie einen Hilfeplan. Was tun Sie, wenn es zur oben genannten Situation kommt? Welcher Kollege ist in der Nähe, der Sie sofort unterstützen kann? Wie wird dieser Kollege informiert?

So geht's

Sobald Sie erkennen, dass die Situation zu eskalieren droht, setzen Sie die im Hilfeplan festgelegten Maßnahmen um und holen sich entsprechende Hilfe.

Tipp

Entwickeln Sie einen eigenen Plan für Ihre Schule. Es gibt Schulen, in denen die einzelnen Klassen mit einem eigenen Notfalltelefon ausgestattet sind. Sie können auch per Handy mit einem Kollegen in Verbindung treten oder einen Schüler bestimmen, der in diesem Fall den Lehrer im Nebenraum informiert.

Klassenwechsel

Klasse 5–10

keine Materialien

Unterrichtsstörung

Der Schüler fällt immer wieder durch grobes Fehlverhalten, wie z. B. Tätlichkeiten gegen Mitschüler, mutwillige Eigentumsbeschädigungen oder auch Mobbing, Alkohol- oder Drogenkonsum, auf. Diverse Maßnahmen haben beim Schüler zu keiner Verhaltensänderung geführt.

Maßnahme

Der Schüler wird aufgrund von wiederholtem Fehlverhalten für einen festgelegten Zeitraum vom Unterricht in seiner Klasse ausgeschlossen. Er wird so lange in eine andere Klasse versetzt.

Ziel der Maßnahme

Diese Strafe soll dem Schüler signalisieren, dass sein Verhalten nicht nur seine Mitschüler und ihn an einem erfolgreichen Lernen hindert, sondern strikt sanktioniert wird. Die Maßnahme soll dazu dienen, sein Fehlverhalten zu reflektieren.

Vorbereitung

Eine solche Maßnahme wird im Rahmen einer Klassenkonferenz entschieden. Überlegen Sie gemeinsam mit Ihren Kollegen, in welcher Form und bei welchen Verstößen diese Methode greifen soll. Entscheiden Sie über die Dauer und die Klasse, in die der Schüler wechseln soll.

So geht's

Teilen Sie dem Schüler mit, dass er ab sofort oder ab der nächsten Schulwoche am Unterricht einer anderen Klasse teilnehmen wird. Er hat die Verpflichtung, sich jeden Morgen vor Unterrichtsbeginn seine Arbeitsaufträge im Sekretariat oder bei Ihnen abzuholen. Ebenso bekommt er den Auftrag, seine Arbeitsergebnisse nach Unterrichtsschluss wieder abzugeben. Wichtig ist, dass dem Schüler für den Zeitraum des Klassenausschlusses die nötigen Arbeitsmateri-

alien seiner Lerngruppe zur Verfügung stehen. Er benötigt klare Aufgabenstellungen, die es ihm ermöglichen, selbstständig zu arbeiten. Ihm sollte deutlich gemacht werden, dass er die gleichen Inhalte bearbeiten muss wie seine Klassenkameraden. Ihm muss auch klar sein, dass eine tägliche Kontrolle seiner Arbeitsleistung stattfindet.
Der Schüler ist dabei in der Bringschuld. Nicht Sie müssen die erledigten Aufgaben beim ihm einsammeln, sondern er muss rechtzeitig und immer pünktlich seine Materialien bei Ihnen einreichen.
Achten Sie darauf bitte sehr genau. Sie müssen konsequent bleiben.

Tipp

Es ist wichtig, dem Schüler deutlich zu machen, warum er die Klasse wechseln muss. Formulieren Sie eindeutig in Form einer Ich-Botschaft: „Ich mache mir Sorgen, dass du und deine Mitschüler momentan nicht erfolgreich lernen können."
Bevor der Klassenwechsel zum Einsatz kommt, sollten Sie vorher schon alternative Maßnahmen vorgezogen haben.
Es hat sich als effektiv erwiesen, den Schüler möglichst in eine Klasse zu versetzen, in der die Mitschüler altersmäßig weiter von ihm entfernt sind. Beispiel: Der Schüler aus der 5. Klasse besucht für den „Versetzungszeitraum" die Klasse 10 oder umgekehrt.

Verspätungsprotokoll

Klasse 5–10

Materialien

✔ Kopiervorlage „Verspätungsprotokoll" (S. 88)

Unterrichtsstörung

Der Schüler fällt durch häufiges Zuspätkommen auf.

Maßnahme

Über die Verspätungen des Schülers wird Protokoll geführt.

Ziel der Maßnahme

Der Schüler erscheint regelmäßig und pünktlich zum Unterrichtsbeginn.

Vorbereitung

Diese Maßnahme beschließen Sie im Vorfeld innerhalb der Lehrerkonferenz. Vordrucke für das Verspätungsprotokoll haben Sie stets bereitliegen.

So geht's

Wenn der Schüler erneut zu spät kommt, erhält er von Ihnen das Verspätungsprotokoll. Sie tragen seine Ankunftszeit ein. Den Rest füllt der Schüler aus und gibt das Protokoll wieder bei Ihnen ab. Sie unterschreiben es. Nach 3-maligem Ausfüllen erhält der Schüler eine Benachrichtigung an die Erziehungsberechtigten. Dieses Schreiben beinhaltet gleichzeitig eine Einladung zum Beratungsgespräch.

Tipp

Bei einem plausiblen Grund für das Zuspätkommen sollten Sie zunächst das Gespräch mit dem Schüler suchen. Meistens handelt es sich dann um eine einmalige Verspätung.

Auf dem Formular soll der Schüler den Wochentag eintragen. Manchmal lässt sich eine Regelmäßigkeit des Fehlens an bestimmten Tagen feststellen. Das sollten Sie unbedingt im Vier-Augen-Gespräch mit dem Schüler erörtern. Vielleicht gibt es ein häusliches Problem, warum der Schüler z. B. gerade an jedem Mittwoch zu spät kommt. Das ausgefüllte Verspätungsprotokoll verbleibt in der Schülerakte und dient ggf. als Gesprächsgrundlage für ein Beratungsgespräch mit den Erziehungsberechtigten.

Diese Maßnahme können Sie natürlich auch dann einsetzen, wenn der Schüler nach den Pausen immer zu spät in die Klasse kommt.

Noch ein wichtiger Tipp: Seien auch Sie immer pünktlich. Denken Sie daran, dass Sie Vorbild sind und dass es sich auch um eine Unterrichtsstörung handelt, wenn Sie zu spät kommen. Das bedeutet nicht, dass Schüler und Lehrer grundsätzlich die gleichen Rechte und Pflichten haben.
Wenn Sie es für angemessen halten, teilen Sie den Schülern den Grund für Ihre Verspätung mit. Sie sind dazu allerdings nicht verpflichtet.
Überlegen Sie auch, was alles passiert, wenn die Schüler allein im Raum sind und auf Sie warten. Manchmal kann es z. B. zu Rangeleien oder Konflikten kommen, die vielleicht schon in der Pause oder vor Unterrichtsbeginn begonnen haben und mit in den Klassenraum gebracht werden.

Verspätungsprotokoll

Name: ....

Datum: .... Wochentag: ....

Unterrichtsbeginn: .... Ankunftszeit: ....

Ich bin heute zu spät in den Unterricht gekommen. Ich habe folgende

Gründe: ....

....

....

....

....

....

....
(Unterschrift Schüler/in)

....
(Unterschrift Lehrkraft)

Pünktlichkeit

Materialien

✔ Kopiervorlage Abschreibtext „Pünktlichkeit" (S. 91)

Unterrichtsstörung

Der Schüler hat auch nach dem dritten Zuspätkommen und Ausfüllen des Verspätungsprotokolls (S. 88) keine Verhaltensänderung gezeigt. Er kommt weiterhin zu spät in den Unterricht. Ermahnungen Ihrerseits ignoriert er.

Maßnahme

Der Schüler muss einen Text zum Thema Pünktlichkeit abschreiben.

Ziel der Maßnahme

Der Schüler erhält eine Sonderaufgabe und reflektiert sein wiederholtes Zuspätkommen. Er zeigt sich einsichtig und erscheint künftig pünktlich zum Unterricht.

Vorbereitung

Es empfiehlt sich, den Abschreibtext ein paar Mal zu kopieren und zu laminieren.

So geht's

Der Schüler bekommt den Abschreibtext von Ihnen ausgehändigt. Er erhält den Auftrag, diesen bis zum nächsten Tag abzuschreiben und von seinen Eltern unterschreiben zu lassen. Am nächsten Tag soll er den Text unaufgefordert bei Ihnen abgeben.
Vergisst er den abgeschriebenen Text am nächsten Tag, bekommt er den Auftrag ein zweites Mal. Beim zweiten Versäumnis sollten Sie die Eltern schriftlich davon in Kenntnis setzen. Mit dem Schüler sollten Sie dann ebenfalls in einen Dialog treten.

Tipp

Diese Maßnahme können Sie, wenn nötig, 2 bis 3-mal wiederholen.

Wenn möglich, sollten Sie mit dem Schüler, der häufig durch Zuspätkommen Ihren Unterricht stört, ein Gespräch führen. Erklären Sie ihm, warum sein Zuspätkommen eine erhebliche Störung ist. Machen Sie dem Schüler auch klar, dass er wichtige Unterrichtsinhalte verpasst, wenn er nicht pünktlich zum Unterrichtsbeginn erscheint.

Manchmal gibt es auch andere Gründe für ein Zuspätkommen als die im Abschreibtext genannten. Manche Schüler müssen familiäre Aufgaben, die eigentlich von Erziehungsberechtigten übernommen werden, tragen. Wenn dieser Verdacht naheliegt, sollten Sie umgehend einen Termin für ein Elterngespräch anberaumen. Gehen Sie behutsam mit der Thematik um. Es ist sicherlich wichtig, dass auch Kinder ihre Aufgaben im häuslichen Bereich haben, d. h. aber nicht, dass sie elterliche Pflichten und Verantwortung übernehmen sollten. In schweren Fällen sollten Sie sich mit Ihren Kollegen beraten und ggf. das zuständige Jugendamt oder die Erziehungsberatungsstelle hinzuziehen.

Abschreibtext „Pünktlichkeit“

Du sitzt jetzt hier, weil du es wieder einmal nicht geschafft hast, pünktlich zum Unterrichtsbeginn in der Klasse zu sein. Dein Lehrer akzeptiert das Zuspätkommen nicht mehr. Du hast deswegen schon drei Verspätungsprotokolle ausgefüllt. Und jetzt musst du diesen Text abschreiben.

Du solltest darüber nachdenken, warum es dir nicht gelingt, so wie alle anderen vor dem Klingelzeichen in deinem Klassenraum zu sein. Es wäre vielleicht auch sinnvoll, überhaupt zu überlegen, warum dein Zuspätkommen störend ist. Wenn du in den Unterricht hereinplatzt, schauen deine Mitschüler auf dich und hören in dem Moment mit ihrer Arbeit auf. Meistens fragt dich dein Lehrer, warum du schon wieder zu spät kommst. In Zukunft solltest du dir vornehmen, wahrheitsgemäß und vor allen Dingen höflich auf die Frage zu antworten.

Du solltest dich bemühen, in Zukunft pünktlich zu sein. Dazu musst du dir genau überlegen, warum du so oft zu spät kommst. Du solltest auf jeden Fall immer rechtzeitig aufstehen und losgehen.

Um diesen Text wirklich nur einmal abschreiben zu müssen, solltest du ab sofort versuchen, pünktlich zum Unterricht zu erscheinen.

....	....	....
(Datum)	*(Unterschrift Schüler/in)*	*(Unterschrift Erziehungsberechtigte/r)*

Nachholzeit

Klasse 5–10

Materialien

- ✔ Kopiervorlage „Zeitprotokoll" (S. 94)
- ✔ Unterrichtsmaterialien

Unterrichtsstörung

Der Schüler hat es auch nach vorhergehenden Maßnahmen nicht geschafft, immer pünktlich zum Unterricht zu erscheinen. Er ist uneinsichtig und auch ein Beratungsgespräch mit den Erziehungsberechtigten hat zu keiner Verhaltensänderung geführt.

Maßnahme

Der Schüler muss die entgangene Unterrichtszeit nachholen und in dieser Zeit die versäumten Unterrichtsinhalte nacharbeiten.

Ziel der Maßnahme

Das Nachholen der versäumten Unterrichtszeit ist dem Schüler unangenehm. Er erkennt, dass die Nacharbeit für ihn lästig und anstrengend ist. Der Schüler zeigt sich einsichtig und erscheint künftig pünktlich zum Unterricht.

Vorbereitung

Im Rahmen einer Kurzkonferenz mit den in der Klasse unterrichtenden Kollegen wird beschlossen, genau zu dokumentieren, wann der Schüler zu spät kommt. Es wird festgelegt, dass bei ihm jede Minute, die er zu spät kommt, schriftlich festgehalten wird. Kopieren Sie dazu das Zeitprotokoll.
Planen Sie für den Schüler Zeitfenster ein, in denen er die verlorenen Minuten unter Aufsicht nachholen kann.

So geht's

Führen Sie das Zeitprotokoll, das den Stundenplan des Schülers enthält. Ordnen Sie jeder Schulstunde ein Kästchen zu, in dem die Fehlzeit eingetragen wird. Addieren Sie am letzten Schultag der Woche die Fehlzeiten. Teilen Sie dann dem Schüler mit, wie viel Unterrichtszeit er nachholen muss.

Informieren Sie die Eltern schriftlich, wann und wie lange der Schüler seine Fehlzeit nachholen wird. Natürlich ist diese Nachholzeit nur sinnvoll, wenn er in dieser Zeit versäumte Unterrichtsaufgaben erledigt.
Der Schüler muss sich vor dem Nachholtermin selber um die entsprechenden Aufgabenblätter kümmern. Es ist seine Aufgabe, die entsprechenden Fachlehrer anzusprechen und die Materialien parat zu haben.

Tipp

Vermeiden Sie eine Diskussion oder sogar ein Feilschen mit dem Schüler um die Nachholzeiten. Sie haben die genauen Fehlzeiten notiert. Lassen Sie sich auch nicht auf Diskussionen ein, die häufig so beginnen: „Aber XY ist auch zu spät gekommen …"
Antworten Sie dann: „XY ist gerade nicht an der Reihe. Jetzt geht es um dich."

Zeitprotokoll

Name: ....

Stunde	**Montag**	**Dienstag**	**Mittwoch**	**Donnerstag**	**Freitag**
1.					
2.					
3.					
4.					
5.					
6.					
7.					
8.					
Gesamt	.... min	.... min	.... min	.... min	.... min

Gesamtzeit: .... **h** .... **min**

Liebe/r .... ,

weil du in dieser Woche durch dein Zuspätkommen .... h .... min

Unterrichtszeit verpasst hast, musst du diese Zeit am ....

von .... bis .... Uhr nachholen.

Melde dich bitte bei .... **.**

Begleitung durch den Schülerpaten

Klasse 5–10

Materialien

✔ Schreibpapier für das Zielvereinbarungs-Protokoll

Unterrichtsstörung

Der Schüler kommt permanent zu spät zur Schule. Auch in den einzelnen Unterrichtsstunden hält er sich nicht an die Anfangszeit und stört so den Unterricht wiederholt. Mehrere Maßnahmen, die den Schüler zu einer Verhaltensänderung bringen sollten, haben nicht gegriffen. Auch das Nacharbeiten der Fehlzeiten hat nicht zur gewünschten Änderung geführt.

Maßnahme

Dem Schüler wird ein Schülerpate an die Seite gestellt.

Ziel der Maßnahme

Der Schüler erscheint pünktlich zum Unterrichtsbeginn in der Schule. Ein störungsfreier Unterricht ist gewährleistet.

Vorbereitung

Es wird ermittelt, welcher Mitschüler in der Nachbarschaft des störenden Schülers wohnt. Am besten ist es, einen Schülerpaten zu finden, der nicht in die gleiche Klasse geht. Wirkungsvoll ist immer ein älterer Schüler.

So geht's

Wenn ein Schüler ausfindig gemacht wurde, der für die Patenrolle infrage kommen könnte, fragen Sie ihn, ob er sich als Schulweg-Begleitung für den Schüler zur Verfügung stellen würde. Dies sollte auch mit den Eltern des Schülerpaten besprochen werden. Vereinbaren Sie ein Treffen beider Schüler, gemeinsam mit Ihnen.
Die Schüler schließen eine Zielvereinbarung. Hier wird auch festgelegt, wie die Begleitung durch den Schülerpaten im Einzelnen aussehen soll, an welchen Tagen, um welche Uhrzeit und an welchem Ort die Schüler sich für den gemeinsamen Schulweg treffen wollen usw. Die Zielvereinbarung wird in Form

eines Protokolls schriftlich festgehalten. Eine schriftliche Dokumentation, die von allen Teilnehmern unterschrieben wird, kann ggf. immer wieder herangezogen werden, um an Details zu erinnern. Informieren Sie die Eltern, auch die des Schülerpaten, in einem Brief über die Zielvereinbarung.

Tipp

Bei dem Treffen beider Schüler ist es sehr wichtig, genau zu erörtern, wie die Patenschaft aussehen sollte. Klären Sie, ob sich die beiden an einem Treffpunkt verabreden oder ob es für den Paten in Ordnung wäre, den „Zuspätkommenden" in seinem Zuhause abzuholen. Sie sollten auch festlegen, über welchen Zeitraum der Schüler in Begleitung zur Schule kommt. Nehmen Sie bei der Zielvereinbarung auch gerne weitere Anregungen der Schüler auf.

Natürlich können Sie ein solches Patensystem in Ihr Schulprogramm aufnehmen und ähnlich installieren wie die Methode der Streitschlichtung (siehe S. 99). Dies hat den Vorteil, dass man eine Arbeitsgemeinschaft als Ansprechpartner hat, an die man delegieren könnte.
Grundsätzlich kann es auch ein Klassenpatensystem geben. Beispiel: Klasse 7a übernimmt die Patenschaft für Klasse 5a.
So werden die Schüler zu mehr Eigenverantwortlichkeit motiviert und soziale Handlungskompetenzen werden gefördert. Die Übernahme einer Patenschaft kann auch als positive Bemerkung ins Zeugnis des Schülerpaten einfließen. Beispiel: „Emma hat ein Halbjahr lang erfolgreich die Patenschaft für einen Mitschüler übernommen."

Muffin-Bäcker

Materialien

✔ vom Schüler gebackene Muffins oder Kuchen

Unterrichtsstörung

Der Schüler kommt zum wiederholten Mal zu spät in den Unterricht. Seine Ausreden für sein Zuspätkommen sind abenteuerlich.

Maßnahme

Der Schüler muss für seine Mitschüler Muffins oder einen Kuchen backen.

Ziel der Maßnahme

Der Schüler bemüht sich, künftig pünktlich zum Unterricht zu erscheinen. Seine Mitschüler, die auch durch sein Zuspätkommen gestört werden, erhalten eine nette Entschädigung.

Vorbereitung

Schlagen Sie Ihrer Klasse die Idee der Entschädigung für alle vor. Wenn die Mehrheit mit dem Vorschlag einverstanden ist, lässt sich diese Maßnahme in den höheren Klassen gut umsetzen. Die Eltern sollten im Vorfeld informiert werden.

So geht's

Der Schüler bekommt den Auftrag, für seine Mitschüler Muffins oder Kuchen zu backen. Einige werden die Aufgabe sicher gerne an die Mutter oder Oma weiterleiten. Ob aber Mutter und Oma Lust haben, jede Woche oder sogar öfter für die Tochter/Enkelin oder den Sohn/Enkel zu backen?

Tipp

Manchmal helfen solche originellen Sanktionen und führen zu einer Verhaltensänderung.

Ausredengedicht

Klasse 9–10

Materialien

✔ Schreibpapier für das Ausredengedicht

Unterrichtsstörung

Der Schüler kommt zum wiederholten Mal zu spät in den Unterricht. Seine Ausreden für sein Zuspätkommen sind abenteuerlich, unglaubwürdig und manchmal äußerst kreativ.

Maßnahme

Der Schüler muss bis zum nächsten Tag bzw. zur nächsten Unterrichtsstunde ein Gedicht über seine Ausrede schreiben.

Ziel der Maßnahme

Der Schüler reflektiert sein Zuspätkommen und bemüht sich um Pünktlichkeit.

Vorbereitung

Es ist keine Vorbereitung nötig.

So geht's

Fragen Sie den Schüler nach dem Grund für sein Zuspätkommen und halten Sie die Ausrede schriftlich fest. Nun geben Sie ihm den Arbeitsauftrag, bis zum vereinbarten Termin ein Gedicht zu verfassen. Der Titel des Gedichtes ist seine Ausrede.

Tipp

Diese humorvolle Sanktion bedeutet für den störenden Schüler eine zusätzliche Aufgabe. Meistens dient ein solches Gedicht auch sehr der Erheiterung der Lerngruppe, ohne den Schüler vorzuführen oder gar zu mobben. Der Schüler wird sich sehr genau überlegen, ob er der „Poet der Klasse" werden möchte.

Einsatz von Streitschlichtern

Klasse 5–10

Materialien

- ✔ Plakat mit Namen der Streitschlichter
- ✔ ggf. Fotos der einzelnen Streitschlichter

Unterrichtsstörung

Der Schüler fällt immer wieder durch nicht angemessenes Verhalten in Konfliktsituationen während der Pausen auf. Er reagiert nicht auf persönliche Ansprache durch das Aufsichtspersonal. Immer wieder gibt es Vorfälle, die den „Pausenfrieden" erheblich beeinträchtigen. Mitschüler beschweren sich.

Maßnahme

Im Rahmen eines Projektes werden Schüler zu Streitschlichtern ausgebildet. Die Streitschlichterteams unterstützen das aufsichtführende Lehrpersonal während der Pausen. Hier greift auch das Motto „Viele Augen sehen mehr."

Ziel der Maßnahme

Noch während der Pausenzeit findet eine Deeskalation des auf dem Pausenhof stattfindenden Konfliktes statt. Bei einem eindeutigen Konflikt kann evtl. schon unmittelbar eine Lösung herbeigeführt werden.

Vorbereitung

Schüler werden im Rahmen eines Projektes an der Schule zu Streitschlichtern ausgebildet und qualifiziert. Es ist wünschenswert, dass sie sich freiwillig für eine solche Ausbildung melden. Die Erfahrung zeigt, dass sich gerade die „Streithähne" eher nicht für eine solche Ausbildung melden. Manchmal kann man sie aber in einem Gespräch dazu ermuntern, Streitschlichter zu werden. Das führt bei Schülern, die über ein mangelndes Konfliktmanagement verfügen, manchmal dazu, ihr eigenes Verhalten besser zu reflektieren.
Die Streitschlichter sollten jedem Schüler bekannt sein. Bereiten Sie ein Plakat vor, das alle Streitschlichter vorstellt – am besten mit den Fotos der Schüler. Das Plakat wird z. B. am Schwarzen Brett der Schule ausgehängt.

So geht's

Ein an der Schule ausgebildetes Streitschlichterteam, das allen Schülern bekannt ist, ist während der Pausen Ansprechpartner für Schüler. Bei Konflikten in der Pause greifen die Streitschlichter deeskalierend ein bzw. informieren die Aufsicht führenden Lehrer.

Tipp

Je mehr Teams von Streitschlichtern ausgebildet werden, desto besser können Sie eine optimale Betreuung in den Pausenzeiten gewährleisten. Die Erfahrung hat gezeigt, dass Streitschlichter auch Ansprechpartner für jüngere Schüler sein können. So können auch kleinere Sorgen mit den Schülern thematisiert werden.

Sollte sich ein Konflikt nicht in kurzer Zeit lösen lassen, gibt es noch die Möglichkeit eines Mediationsgespräches. Hier sollten Sie bzw. das Kollegium entscheiden, ob Sie den Schülern Unterrichtszeit zur Klärung bzw. zur Durchführung eines solchen Gespräches einräumen. Ein Mediationsgespräch, in dem eine der Zielsetzungen ist, dass die Streitenden selbst Lösungsvorschläge entwickeln, ist häufig nachhaltig für zukünftige mögliche Konflikte (siehe Maßnahme „Mediationsgespräch", S. 101). Es ist sinnvoll, die Streitschlichter an Ihrer Schule zu Mediatoren auszubilden.

Mediationsgespräch

Klasse 5–10

keine Materialien

Unterrichtsstörung

Zwei oder mehrere Schüler sind in einen Konflikt auf dem Schulhof verwickelt. Evtl. hat es auch eine körperliche Auseinandersetzung gegeben.

Maßnahme

Die Schüler führen miteinander ein Mediationsgespräch. Mediation (engl.: Vermittlung) ist ein Verfahren, in dem die nicht am Konflikt beteiligten Personen als Vermittler fungieren.

Ziel der Maßnahme

Die am Konflikt beteiligten Schüler sollen selber Lösungen erarbeiten und die Lösungsvorschläge umsetzen.

Vorbereitung

Für diese Maßnahme wird ein Schüler (oder ein Schülerteam) als Mediator eingesetzt. Wenn es an Ihrer Schule ein Streitschlichterteam gibt (siehe S. 99), dann ist dieses häufig für ein Mediationsgespräch qualifiziert. Ansonsten sollten Sie ein vorbereitendes Gespräch mit den Mediatoren bzw. Streitschlichtern führen und die Phasen des Mediationsgespräches im Einzelnen durchsprechen.

So geht's

Sie bestellen die streitenden Schüler, und die Mediatoren zum Mediationsgespräch. Dann führen die Schüler gemeinsam die Mediation durch.
Es gibt nach Andreas Krenner fünf Phasen der Mediation (vgl. Krenner, 2011, S. 10–12):

1. **Einleitung:**
   Die Mediatoren stellen sich vor. Die Teilnehmer werden über den Ablauf des Gesprächs, ihre Rolle und die Gesprächsregeln informiert.

2. **Klärung der Sichtweisen:**
   Jede Konfliktpartei schildert den Sachverhalt aus eigener Sicht.
3. **Erhellung des Konfliktes:**
   Die Mediatoren befragen die Streitparteien nach der persönlichen Bedeutung und den Hintergründen des Konfliktes.
4. **Sammeln von Lösungsideen:**
   Die Teilnehmer erarbeiten Lösungsvorschläge, die schriftlich festgehalten werden.
5. **Treffen von Vereinbarungen:**
   Die Streitparteien formulieren eine Lösung, mit der beide Seiten einverstanden sind.

In der ersten Phase sind alle Teilnehmer gemeinsam im Raum. Es empfiehlt sich zunächst ein Stuhlkreis, in dem alle miteinander Blickkontakt aufnehmen können. Die Gesprächsregeln müssen von den Mediatoren eindeutig erklärt und von allen Teilnehmern eingehalten werden.
Während der zweiten Phase ist es ratsam, wenn Sie dafür Sorge tragen, dass die Parteien ihre Sichtweise darstellen können, ohne dass die andere Partei anwesend ist. Häufig hat jede Streitpartei eine eigene Sichtweise und misst dem Konflikt eine andere Bedeutung bei. Eine Partei fühlt sich ggf. verletzt, die andere hingegen hatte gar nicht die Absicht, zu verletzen.
In einem Brainstorming nennen alle Teilnehmer mögliche Lösungsvorschläge. Diese Ideen werden schriftlich festgehalten. Diskutieren Sie ausgiebig die verschiedenen Lösungen. Sprechen Sie über die Vor- und Nachteile.
Dann gilt es, sich auf eine gemeinsame Lösung zu einigen. Manchmal geht das recht schnell. Es gibt aber auch Mediationsgespräche, bei denen es sich schwierig gestaltet, eine gemeinsame Lösung zu finden.

Tipp

Gibt es an Ihrer Schule kein Streitschlichterteam, dann empfiehlt es sich, ein Mediationsgespräch mit dem Vertrauenslehrer durchzuführen. Zusätzliche Hinweise zum Thema Mediation finden Sie unter www.bildungsserver.de/db/mlesen.html?Id=51057.

Individuelle Pausenregelung

Klasse 5–10

keine Materialien

Unterrichtsstörung

Der Schüler fällt immer wieder durch störendes und provozierendes Verhalten in den Pausen auf. Anweisungen der Aufsicht werden ignoriert. Auch nach mehreren Verwarnungen und Gesprächen mit den Streitschlichtern (siehe S. 99) bleibt er uneinsichtig.

Maßnahme

Der Schüler erhält eine individuelle Pausenregelung und darf nicht mehr gemeinsam mit seinen Mitschülern Pause machen.

Ziel der Maßnahme

Der Schüler hat während seiner individuellen Pause keinen Kontakt zu seinen Mitschülern. So können erst gar keine Konflikte entstehen. Er reflektiert sein Fehlverhalten und erkennt, dass er nur an den gemeinsamen Pausen teilhaben kann, wenn er die Schulregeln einhält.

Vorbereitung

Für diese Maßnahme müssen Sie zunächst einen Konferenzbeschluss bewirken und die Aufsicht des Schülers während seines Pausenausschlusses gewährleisten. Eine genaue Absprache mit Ihren Kollegen ist notwendig, ggf. muss der Aufsichtsplan angepasst werden. Informieren Sie die Erziehungsberechtigten.

So geht's

Führen Sie ein eingehendes Gespräch mit dem Schüler. Erläutern Sie ihm genau, wie er ab sofort seine Pausenzeiten verbringt. Ggf. wird ein schriftlicher Plan für die Pausenregelung erstellt.

Tipp

Die Separation in Form von versetzten Pausenzeiten empfinden Schüler als echte Strafe. Der Schüler muss zu der Einsicht gelangen: „Ich werde von dem Gemeinschaftserlebnis Pause isoliert. Ich bin okay, aber mein Verhalten in den Pausen ist nicht in Ordnung. Ich muss mir die gemeinsamen Pausen mit meinen Mitschülern erst wieder verdienen."

Diese Sanktion darf nicht über einen längeren Zeitraum durchgeführt werden. Es besteht sonst immer die Gefahr, den Schüler zu stark zu isolieren. Das Ziel der Maßnahme soll ja bewirken, dass er sich innerhalb der Gruppe nach den vorgegebenen Regeln verhält.

Es empfiehlt sich eine genaue Dokumentation des Fehlverhaltens während der Pausen. So können Sie sich intensiv mit möglichen Ursachen auseinandersetzen. Mithilfe eines Beobachtungstagebuchs zeigt sich häufig genau, wann diese Konfliktsituationen entstehen und welche Schüler daran beteiligt sind.

Bei tiefergehenden Konflikten empfiehlt es sich immer, professionelle Hilfe in Anspruch zu nehmen. Das können u. a. Gespräche mit dem Schulsozialarbeiter oder auch ggf. mit einem Schulpsychologen sein.

Spiegelbericht

Materialien

✔ Kopiervorlage „Spiegelbericht" (S. 107)

Unterrichtsstörung

Der Schüler schafft es auch nach mehreren bereits durchgeführten Maßnahmen nicht, störungsfrei durch die Pausen zu kommen.

Maßnahme

Der Schüler erstellt einen Spiegelbericht zur Selbstreflexion. Außerdem darf er nicht an den gemeinsamen Pausen teilnehmen, solange er sein Verhalten nicht ändert.

Ziel der Maßnahme

Der Schüler reflektiert sein Fehlverhalten, indem er seine Gedanken im Spiegelbericht verschriftlicht. Dabei wird ihm gleichzeitig sein Verhalten gespiegelt und er erkennt, dass er es ändern muss.

Vorbereitung

Für diese Maßnahme müssen Sie zunächst einen Konferenzbeschluss bewirken und die Aufsicht des Schülers während seines Pausenausschlusses gewährleisten. Kopieren Sie den Spiegelbericht und halten Sie ihn für den Schüler bereit. Es muss nur noch das Datum des Vorfalls eingetragen werden.

So geht's

Sie führen ein eingehendes Gespräch mit dem Schüler und erläutern ihm, warum er sich dieser Maßnahme unterziehen muss. Gleichzeitig informieren Sie die Erziehungsberechtigten schriftlich darüber. Der Schüler bekommt den Auftrag, sein Fehlverhalten im Spiegelbericht schriftlich zu dokumentieren.

Tipp

Sie sollten den vom Schüler erstellen Spiegelbericht unbedingt in einem Einzelgespräch mit ihm besprechen. So haben Sie die Möglichkeit, explizit nachzufragen, um sein Fehlverhalten genauer zu analysieren. Häufig ist es auch von Vorteil, wenn dieses Gespräch durch einen Kollegen geleitet wird, der nicht zu den in der Klasse unterrichtenden Lehrern gehört. Er ist neutral und geht in der Regel unbefangener in ein solches Klärungsgespräch.

Die meisten Schüler sind mit der Aufgabe, selbstständig einen Spiegelbericht anzufertigen, überfordert. Auf der Kopiervorlage finden sich Hilfen bzw. Denkanstöße für den Schüler. Die vorgegebenen Fragen können ihn bei der Anfertigung unterstützen.

Spiegelbericht

Erinnere dich bitte an den Vorfall am .... in der Pause.

Schreibe auf:

- Wie kam es dazu?
- Wer war an dem Konflikt beteiligt?
- Hätte der Konflikt vermieden werden können?
- Hast du eine Idee, wie?
- Kannst du dir vorstellen, auch ganz anders zu reagieren?
- Beschreibe, wie du künftig in einer solchen Situation reagieren könntest.

....

....

....

....

....

....

....

....

....

....

....

....

(Datum, Unterschrift Schüler/in)

Meldelisten

Klasse 5–10

Materialien

- ✔ Papierkarte (DIN A6) für jeden Schüler
- ✔ Klebeband und Stift für jeden Schüler

Unterrichtsstörung

Der Schüler beschwert sich immer wieder, dass Sie ihn nicht drannehmen, obwohl er sich häufig meldet.

Maßnahme

Alle Schüler führen über den Zeitraum einer Woche eine Meldeliste.

Ziel der Maßnahme

Mithilfe der Meldeliste verschaffen Sie sich einen Gesamtüberblick über das Meldeverhalten Ihrer Schüler. Nach der Auswertung können Sie eine Art Selbstreflexion durchführen. Fragen Sie sich, warum Sie gerade Schüler A so häufig drangenommen und evtl. Schüler B übersehen haben.

Vorbereitung

Sie haben die Beschwerden einzelner Schüler ernst genommen und in einer Klassenstunde thematisiert. Gemeinsam haben Sie sich mit den Schülern auf die Methode einer Meldeliste verständigt. Jeder Schüler klebt nun ein mit seinem Namen versehenes DIN-A6-Kärtchen mit einem Klebestreifen oben in die Ecke seines Tisches. Daneben legt er einen Stift.

So geht's

Die Schüler machen immer dann einen Strich auf die Karte, wenn sie sich im Unterricht durch Handzeichen gemeldet haben und nicht drangenommen wurden. Meldet sich ein Schüler und leistet einen Wortbeitrag, macht er einen etwas größeren Punkt auf seine Meldeliste. Diese Maßnahme führen Sie im Zeitrahmen einer Schulwoche durch. Am Ende der Woche sammeln Sie die Kärtchen ein und werten sie aus. Erstellen Sie nun eine eigene Liste.

Beispiel für eine Meldeliste:

Schüler	Striche	Punkte
Kevin	II	●●●●
Michelle	IIII	●●●
Timo	~~IIII~~ II	●●
Sarah	III	●●●●

Tipp

Sie können die Ergebnisse Ihrer Auswertung mit der Klasse besprechen. Für sich selbst können Sie sehr genau analysieren, auf welchen Schüler Sie in Zukunft öfter Ihren Fokus legen sollten.

Alternativ können Sie diese Maßnahme in ein paar Wochen wiederholen und den Beobachtungsauftrag so gestalten, dass ein Schüler für den anderen Schüler die Meldeliste ausfüllt. Spannend wird es sein, diese Ergebnisse miteinander zu vergleichen.

Nutzen Sie immer mal wieder die Gelegenheit, sich selbst beobachten zu lassen, z. B. wenn Sie in Ihrer Klasse Lehramtsanwärter oder Praktikanten zum Hospitieren haben. Geben Sie demjenigen, der hospitiert, einen Beobachtungsauftrag. Manchmal merken Lehrer gar nicht mehr, dass sie bestimmte Schüler besonders in ihrem Fokus haben. Schnell stellt man Schüler, die durch häufiges Störverhalten auffällig geworden sind, unter Generalverdacht. Eine gezielte Beobachtung hilft bei der Reflexion des eigenen Lehrerverhaltens.

Gespräch mit dem Vertrauenslehrer

Klasse 5–10

keine Materialien

Unterrichtsstörung

Unterrichtsstörungen führen zu einem gespannten Verhältnis zwischen Schüler und Lehrer. Ein sachliches Gespräch mit dem Schüler ist momentan nicht möglich bzw. schwierig. Die Beziehungsebene ist gestört.

Maßnahme

Der Schüler führt ein Gespräch mit dem Vertrauenslehrer.

Ziel der Maßnahme

Der Schüler kann mit dem Vertrauenslehrer frei über seine Probleme sprechen. Die angespannte Situation zwischen Ihnen und Ihrem Schüler entspannt sich.

Vorbereitung

Der Vertrauenslehrer wird am Anfang eines Schuljahres durch die Schülervertretung gewählt. Alle Schüler werden über den Ausgang der Wahl informiert.

So geht's

Sie stellen fest, dass ein konstruktives Gespräch mit dem Schüler momentan sehr schwierig bzw. unmöglich ist. Sie schlagen ihm ein Gespräch mit dem Vertrauenslehrer vor und vereinbaren ggf. einen Termin.

Tipp

Namen und Sprechzeiten des Vertrauenslehrers sollten Sie am Schwarzen Brett bzw. der Pinnwand im Klassenraum aufhängen, ebenso weitere Namen von Ansprechpartnern, die an der Schule tätig sind (z. B. Schulpsychologe, Schulsozialarbeiter etc.).

Stoppkarte

Materialien

✔ Stoppkarten (DIN-A5-Karte mit Aufschrift „Stopp") für jeden Schüler

Unterrichtsstörung

Der Schüler schafft es oft nicht, sich an Gesprächsregeln und Verhaltensregeln zu halten. Immer wieder überschreitet er Grenzen.

Maßnahme

Dem Schüler wird von Mitschülern und Lehrer durch die Stoppkarten signalisiert, dass sie sich gestört fühlen.

Ziel der Maßnahme

Der Schüler bekommt direkt und sofort ein Stoppsignal von seinem Lehrer oder von seinen Mitschülern. Er stellt sein Störverhalten ein.

Vorbereitung

Die Schüler erstellen Stoppkarten. Ggf. laminieren Sie diese. Die Karten liegen griffbereit auf den Schülertischen. Auch Sie haben eine Stoppkarte bereitliegen.

So geht's

Sobald sich jemand in der Klasse durch das störende Verhalten eines Mitschülers am Lernen gehindert oder durch abfällige Bemerkungen gestört fühlt, zeigt er dem störenden Schüler seine Stoppkarte. Reagiert der Schüler darauf nicht, muss er sich an einen Einzeltisch setzen.

Tipp

Besprechen Sie genau mit Ihren Schülern, wie die Klasse mit dieser Methode sinnvoll umgeht. Die Stoppkarte darf nicht missbraucht werden, um andere zu denunzieren bzw. zu verpetzen.

Reinigungsdienst

Klasse 7–10

Materialien

 Reinigungsutensilien (Besen, Eimer etc.)

Unterrichtsstörung

Der Schüler raucht unerlaubt auf dem Schulgelände.

Maßnahme

Der Schüler muss sich beim Hausmeister melden und bekommt die Anweisung, an zwei Nachmittagen Reinigungsaufgaben auf dem Schulhof zu erledigen.

Ziel der Maßnahme

Der Schüler hält sich künftig an das in der Schulordnung ausgewiesene Verbot des Rauchens auf dem Schulgelände.

Vorbereitung

Es ist keine Vorbereitung nötig.

So geht's

Sie ertappen den Schüler „auf frischer Tat" beim unerlaubten Rauchen auf dem Schulgelände. Sprechen Sie den Schüler an und verwarnen Sie ihn. In der Schülerakte machen Sie eine Aktennotiz mit dem Datum und der Beschreibung des Vorfalls. Der Klassenlehrer teilt dem Schüler mit, wann er sich für den Reinigungsdienst beim Hausmeister einzufinden hat. Gleichzeitig werden die Erziehungsberechtigten schriftlich über den geplanten Arbeitseinsatz informiert.

Tipp

Häufig lassen sich die Raucher nicht durch einen einmaligen Reinigungsdienst abschrecken. Nach dem dritten Verstoß sollte eine Teilkonferenz erfolgen.

Pickdienst auf dem Schulhof

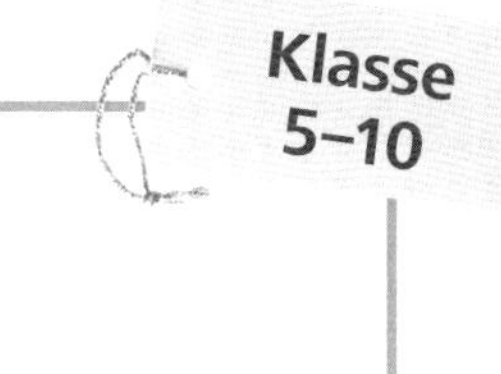

Materialien

✔ Greifzange, Papierkorb bzw. Mülleimer

Unterrichtsstörung

Der Schüler entsorgt achtlos oder auch mutwillig auf dem Pausenhof seinen Müll. Obwohl Sie ihn auf sein Fehlverhalten hinweisen, zeigt er keine Reaktion.

Maßnahme

Der Schüler muss während der nächsten drei Pausen mit einer Greifzange und einem Eimer den Müll vom Schulhof einsammeln.

Ziel der Maßnahme

Der Schüler zeigt sich bezüglich seines Fehlverhaltens einsichtig und verzichtet in Zukunft darauf, seinen Müll auf dem Schulgelände zu entsorgen.

Vorbereitung

Es ist keine Vorbereitung nötig.

So geht's

Sie beobachten den Schüler dabei, wie er seinen Müll (Papier, leeres Trinkpäckchen, Dose etc.) nicht in den Papierkorb wirft, sondern auf den Boden fallen lässt. Sie sprechen den Schüler direkt an und fordern ihn auf, den Müll ordnungsgemäß zu entsorgen.

1. Möglichkeit: Der Schüler kommt Ihrer Aufforderung unmittelbar nach, dann erübrigt sich die oben genannte Maßnahme.

2. Möglichkeit: Der Schüler ignoriert Ihre Anweisung und versucht evtl., Sie verbal zu provozieren, z. B. mit Sätzen wie: „Mach doch selber!", „Wieso soll ich den Mist aufheben? Ist überhaupt nicht von mir.", „Dafür gibt es doch den Hausmeister!"

Verhält der Schüler sich so, wie in der zweiten Möglichkeit beschrieben, verhängen Sie umgehend die Ordnungsmaßnahme: Der Schüler muss sich in den nächsten drei Pausen beim Hausmeister melden und den Müll einsammeln.

Tipp

Zeigt der Schüler ausschließlich ein ignorantes Verhalten, reicht die Anordnung der Ordnungsmaßnahme vorerst aus.
Kombiniert er die ganze Situation mit verbalen Provokationen oder auch Beleidigungen, sollten Sie den Schüler zu einem Gespräch laden. Gleichzeitig sollten Sie den Vorfall kurz dokumentieren und als Aktennotiz in der Schülerakte abheften.
Auch wenn Sie in der Situation denken, dass Sie sich das auch ohne schriftliche Notiz merken können, empfiehlt sich diese Vorgehensweise. Kommt es später zu einem Gespräch mit den Erziehungsberechtigten, sind Sie auf der sicheren Seite und Ihre Aktennotizen bilden die Gesprächsgrundlage.

Ausschluss von schönen Aktivitäten

Klasse 5–10

keine Materialien

Unterrichtsstörung

Der Schüler ignoriert wiederholt die Schulregeln und begeht grobe Regelverstöße. Sie haben bereits durch Sanktionen verdeutlicht, dass Sie bei der nächsten Regelverletzung zu einer weiteren Maßnahme greifen werden.

Maßnahme

Der Schüler wird von schönen und attraktiven Aktivitäten an außerschulischen Orten ausgeschlossen. Dazu gehören z. B. Tagesausflüge und ggf. auch eine mehrtägige Klassenfahrt.

Ziel der Maßnahme

Der Schüler erfährt sehr eindeutig, dass Sie jetzt zu strengeren Methoden greifen, um zum einen den Schutz der Mitschüler zu gewährleisten und zum anderen die Konsequenzen seiner Regelverstöße durchzusetzen.

Vorbereitung

Sie haben im Vorfeld gemeinsam mit Ihren Kollegen dokumentiert, welche Regelverstöße der Schüler begangen hat, und sich mit der Schulleitung abgestimmt. Der Schüler ist mehrfach verwarnt worden und Sie haben ihm die Konsequenzen transparent gemacht. In Beratungsgesprächen haben Sie ihm deutlich vermittelt, dass Sie aufgrund seines Verhaltens derzeit keine Verantwortung an außerschulischen Orten übernehmen können.
Ein aufklärendes Gespräch mit den Erziehungsberechtigten haben Sie geführt. Machen Sie in dem Gespräch mit den Eltern sehr deutlich, dass Sie allein die Verantwortung bei den außerschulischen Veranstaltungen tragen und dass Sie sich auf die Schüler und ihr korrektes Verhalten verlassen können müssen.

So geht's

Teilen Sie dem Schüler mit, dass er von einer Aktivität ausgeschlossen wird. Während dieser Zeit nimmt er am Unterricht der Parallelklasse oder einer anderen Klasse teil.
Erläutern Sie dem Schüler die Gründe für den Ausschluss: „Ich mag dich, aber dein Verhalten dulde ich nicht. Ich habe versucht, dich zu warnen. Nun schließen wir dich von den schönen Aktivitäten, bei denen wir dich gerne dabeihätten, aus. Ich kann mich im Moment nicht darauf verlassen, dass du die Regeln einhältst."
Machen Sie dem Schüler klar, dass Sie die Verantwortung nicht übernehmen können.
Ein solcher Ausschluss hat gleichzeitig eine Signalwirkung auf den Rest der Klasse. Führen Sie ein Gespräch mit der Klasse und erklären Sie, warum der Schüler nicht an der schönen Aktivität teilnehmen kann.

Tipp

Versäumen Sie nie eine genaue Dokumentation der Vorfälle. Zum einen können Sie diese immer für eine genauere Analyse der Unterrichtsstörungen verwenden: „Wann stört der Schüler? Wer ist noch beteiligt? Gibt es bestimmte Unterrichtsfächer, in denen sich die Störungen häufen? Wann finden die Störungen nicht statt?"
Zum anderen ist die Dokumentation als Gesprächsgrundlage für Elternberatungen unerlässlich. Häufig können sich die Eltern gar nicht vorstellen, dass ihr Kind so viele Regelverstöße begangen haben soll, und empfinden es als ungerecht, dass gerade ihr Kind an schönen Aktivitäten nicht teilnehmen soll.

Entzug des Handys

keine Materialien

Unterrichtsstörung

Der Schüler benutzt im Unterricht sein Handy. Er spielt damit, schreibt oder liest Mitteilungen oder das Handy vibriert bzw. klingelt.

Maßnahme

Das Handy wird dem Schüler weggenommen und kann am Freitag gemeinsam mit einem Erziehungsberechtigten bei der Schulleitung abgeholt werden.

Ziel der Maßnahme

Der Schüler wird nicht durch sein Handy abgelenkt und es kann ein störungsfreier Unterricht gewährleistet werden. Auch den übrigen Schülern wird in Erinnerung gerufen, dass die Handybenutzung im Unterricht verboten ist.

Vorbereitung

Die Maßnahme ist möglicherweise in Ihrer Schulordnung verankert. Ansonsten schlagen Sie die Maßnahme bei der Lehrerkonferenz vor. Lassen Sie zu Beginn eines Schuljahres jeden Schüler die Schulordnung lesen und unterschreiben.

So geht's

Da es ein striktes Handyverbot während des Unterrichts gibt, ist eine Verwarnung durch Sie überflüssig. Wenn der Schüler das Handy benutzt, muss er es abgeben.

Tipp

Der Schüler verzichtet ungern auf sein Handy. Die Vorstellung, dass es ihm z. B. am Montag abgenommen wird und er bis Freitag warten muss, um es wiederzubekommen, ist in der Regel sehr abschreckend.

Einsammeln aller Handys

Unterrichtsstörung

Ein oder mehrere Schüler benutzen ihr Handy im Unterricht.

Maßnahme

Sie sammeln zu Beginn des Unterrichts alle Handys der Schüler ein. Das sollten Sie vor anstehenden schriftlichen Prüfungen, wie z. B. Klassenarbeiten oder Tests, immer tun. Während der restlichen Unterrichtsphasen sollten Sie nur von denjenigen Schülern die Handys einsammeln, die sich nicht an die Regel halten.

Ziel der Maßnahme

Ein störungsfreier Unterricht ist möglich.

Vorbereitung

In der Schulordnung gibt es eine klare Regelung zum Thema Handy und seine Benutzung. Im Lehrerpult befindet sich eine Kiste für die Handys der Schüler.

So geht's

Zu Beginn des Unterrichts werden alle Handys ausgeschaltet und in eine Kiste gelegt. Erst am Ende des Unterrichts werden die Handys wieder ausgeteilt.

Tipp

Die Handy-Ausgabe können Sie sich erleichtern, indem Sie mit den Schülern vereinbaren, dass jeder seinen Namen auf einen kleinen Zettel schreibt und diesen an seinem Gerät befestigt.
Bei Einführung dieser Maßnahme gibt es häufig Proteste, trotz der Verankerung in der Schulordnung. Erfahrungsgemäß wird die Abgabe der Handys jedoch zur Selbstverständlichkeit. Es braucht meistens nur eine Woche, bis es funktioniert. Grundsätzlich ist diese Vorgehensweise vor Klausuren üblich.

Sollte eine solche Maßnahme an Ihrer Schule noch nicht in der Schulordnung verankert sein, kann sich das Kollegium ggf. im Rahmen einer Fortbildung mit der Überarbeitung oder Erweiterung der Schulordnung beschäftigen. Die Ordnungsmaßnahme, dass Handys zu Beginn des Unterrichts eingesammelt werden, kann auf diesem Wege ergänzt werden.

Putzdienst

Klasse 5–10

Materialien

- ✔ Reinigungsmittel

Unterrichtsstörung

Der Schüler bemalt seinen Tisch oder beschädigt ihn mit einem Zirkel oder einem anderen „Werkzeug". Schüler, die in seiner Nähe sitzen, werden dadurch abgelenkt.

Maßnahme

Kritzeleien oder Malereien muss der Schüler im Anschluss an den Unterricht beseitigen. Bei einer Beschädigung von Gegenständen wird der Schüler in die Haftung genommen.

Ziel der Maßnahme

Der Unterricht wird nicht mehr gestört. Die Mitschüler werden nicht abgelenkt.
Der Schüler, der seinen Tisch bemalt oder anderweitig beschädigt, registriert, dass er selber für die Wiederherstellung des Originalzustandes zuständig ist. Er verinnerlicht, dass es sich um Beschädigung fremden Eigentums handelt.

Vorbereitung

Die Schüler wissen, dass das Mobiliar nicht ihr Eigentum ist. Machen Sie ihnen deutlich, dass sie pfleglich mit den Möbeln umzugehen haben. Verweisen Sie auf die Schulordnung.
Sie sollten in gewissen Abständen einen Kontrollblick auf die Schülertische werfen.

So geht's

Sie ertappen den Schüler, während er gerade eine Beschädigung vornimmt. Sie weisen den Schüler auf sein Vergehen hin und fordern ihn auf, nach Unterrichtsschluss den Schaden zu beheben. Sollte er die Verunreinigung

nicht beseitigen können, muss er sich ggf. entsprechende Hilfsmittel beim Hausmeister holen oder von zu Hause mitbringen.
Bei Beschädigungen, die nicht mehr zu beheben sind, informieren Sie die Erziehungsberechtigten.

Tipp

Wichtig ist, dass Sie gesehen haben, wer für den Schaden verantwortlich ist. Halten Sie den Vorfall als Kurzbericht für die Schülerakte schriftlich fest.

Schmierereien, Gekritzeltes oder Ähnliches können die Schüler sicherlich mit Reinigungsmitteln entfernen. Handelt es sich allerdings um eine Beschädigung, werden die Eltern informiert, die für den Schaden haftbar gemacht werden können. Inwieweit ein Versicherungsfall vorliegt, müssen die Erziehungsberechtigten klären. Dies ist immer nur dann der Fall, wenn es sich nicht um eine mutwillige Beschädigung handelt.

Schüler lernen auf diese Weise gleichzeitig einen verantwortlicheren Umgang mit fremdem Eigentum. Dies ist ein Lernprozess, der stellvertretend für andere steht. Wenn die Schüler merken, dass Sie genauer hinsehen, werden Sie feststellen, dass sich diese Unterrichtsstörungen im Laufe der Zeit reduzieren.

Täter-Opfer-Ausgleich (1)

Klasse 5–10

keine Materialien

Unterrichtsstörung

Der Schüler beleidigt einen Mitschüler. Er begegnet ihm völlig respektlos.

Maßnahme

Der Schüler muss sich bei dem Mitschüler entschuldigen.

Ziel der Maßnahme

Dem beleidigenden Schüler wird deutlich und unmissverständlich klargemacht, dass ein solches Verhalten nicht geduldet wird. Dem „Opfer“ wird signalisiert, dass die Beleidigung sofort von Ihnen geahndet wird und Sie sich schützend vor den betroffenen Schülern stellen.

Vorbereitung

Es ist keine Vorbereitung nötig.

So geht's

Sobald Sie Kenntnis von dem Fehlverhalten erhalten, sollten Sie handeln. Optimal ist immer, wenn Sie Zeuge der Beleidigung sind. Häufig passieren diese verbalen Attacken aber außerhalb Ihres Unterrichts. Es muss dann umgehend ein Gespräch mit den beteiligten Schülern geführt werden. Für Beleidigungen gibt es keine Rechtfertigung. Machen Sie dem störenden Schüler klar, dass es für sein Verhalten keine Akzeptanz gibt. Er muss sich bei dem betroffenen Mitschüler so entschuldigen, dass dieser die Entschuldigung annehmen kann.

Tipp

Manchmal ist die Situation emotional sehr aufgeheizt. Nehmen Sie dann eine räumliche Trennung der Kontrahenten vor.

Täter-Opfer-Ausgleich (2)

Klasse 5–10

keine Materialien

Unterrichtsstörung

Der Schüler beschädigt oder zerstört das Eigentum seines Mitschülers. Dabei ist es nicht von Bedeutung, welchen materiellen Wert der Gegenstand hat.

Maßnahme

Der Schüler wird verpflichtet, den beschädigten oder zerstörten Gegenstand des Mitschülers zu ersetzen.

Ziel der Maßnahme

Der Schüler lernt, seinen Fehler bzw. sein Fehlverhalten einzugestehen. Besonders wichtig ist dabei, zu reflektieren, dass er durch sein Verhalten etwas beschädigt oder zerstört hat. Er erkennt, dass er in der Pflicht steht, diesen Schaden wiedergutzumachen. Dabei spielt auch Respekt vor dem Eigentum des anderen eine Rolle. Der Schüler erkennt, dass er jemanden verletzt hat.

Vorbereitung

Sie können den Schülern nur immer wieder verdeutlichen, dass man grundsätzlich respektvoll und ordentlich mit dem Eigentum seiner Mitmenschen umgeht.

So geht's

Die beteiligten Schüler werden von Ihnen zum Gespräch gebeten. Häufig gehen solchen Taten Streitigkeiten voraus. Diese müssen im Gespräch erörtert werden. Sprechen Sie darüber, wie der Verursacher sein Fehlverhalten wiedergutmachen kann. Der Geschädigte schlägt als Erster vor, wie er sich den Täter-Opfer-Ausgleich vorstellt. Fragen Sie auch den Verursacher, was er täte, wenn jemand seiner Mitschüler so mit seinem Eigentum umgehen würde. Ziel ist es, eine Lösung zu finden, mit der alle zufrieden sind. Natürlich ist eine Entschuldigung unausweichlich.

Tipp

Es ist Ihre Aufgabe, die Situation einzuschätzen. Sie legen den Zeitpunkt für das Gespräch fest. Achten Sie genau auf die beteiligten Schüler. Wenn Sie den Eindruck haben, dass die Gesprächsteilnehmer emotional zu aufgewühlt sind, führt ein Gespräch nicht unbedingt zu dem gewünschten Erfolg. Ist die Situation zu angespannt und aus Ihrer Sicht ein Aufeinander-Zugehen der beteiligten Schüler verfrüht, legen Sie den Termin für den Täter-Opfer-Ausgleich auf einen späteren Zeitpunkt. Sollten sich die Positionen verhärtet haben, können Sie es auch vorziehen, zunächst mit jedem Beteiligten allein zu sprechen.
Eine andere Möglichkeit wäre, dass beide Seiten ihre Sicht auf die Situation verschriftlichen. Häufig ist dann ein Gespräch im Anschluss daran etwas leichter zu führen.

Übernehmen Sie im Gespräch lediglich die Moderatorenrolle. Versuchen Sie, das Gespräch nur zu begleiten. Es ist sinnvoll, so wenige Redeanteile wie möglich zu haben.

Bei groben Verstößen, beispielweise bei Diebstahl, sollten Sie die Erziehungsberechtigten einschalten.

Essen und Trinken im Unterricht

Klasse 5–10

Materialien

✔ Kopiervorlage Abschreibtext „Essen und Trinken im Unterricht" (S. 126)

Unterrichtsstörung

Der Schüler isst oder trinkt (heimlich) während des Unterrichts.

Maßnahme

Der Schüler muss einen Text zum Thema „Essen und Trinken im Unterricht" abschreiben, der ihn an die Verhaltensregeln im Unterricht erinnert.

Ziel der Maßnahme

Es bleibt bei einem einmaligen Verstoß gegen Regeln.

Vorbereitung

Kopieren und laminieren Sie den Abschreibtext und halten Sie ihn bereit.

So geht's

Der Schüler wird aufgefordert, das Essen bzw. Trinken sofort einzustellen. Sie erinnern ihn an die geltenden Verhaltensregeln bezüglich des Essens und Trinkens im Unterricht. Danach erhält er den Text zum Abschreiben, den er mit nach Hause nimmt. Geben Sie ihm den Arbeitsauftrag, diesen bis zum nächsten Tag abzuschreiben, von seinen Eltern unterschreiben zu lassen und Ihnen am nächsten Tag vorzulegen.

Tipp

Das Abschreiben empfindet der Schüler als lästig und die Tatsache, dass er den geschriebenen Text von seinen Eltern unterschreiben lassen muss, ist ihm in den meisten Fällen unangenehm.

Abschreibtext „Essen und Trinken im Unterricht“

Ich habe mich heute nicht an die geltenden Regeln gehalten.
Es sind Regeln, die wir viele Male besprochen haben. Leider habe ich völlig ignoriert, dass das Essen und Trinken während des Unterrichts nicht erlaubt ist. Trotzdem habe ich gegessen und getrunken. Essen und Trinken sind Grundbedürfnisse des Menschen. Wenn ich in der Schule bin, kann ich diese Grundbedürfnisse in den entsprechenden Pausen befriedigen.

Was würde passieren, wenn alle Schüler sich so verhielten wie ich heute? Wenn alle während des Unterrichts essen und trinken würden? Mir ist klar, dass der Unterricht dann nicht mehr möglich wäre.

Ich sehe ein, dass ich mich nicht richtig verhalten habe. In Zukunft werde ich mich an die geltenden Regeln halten. Ich esse und trinke dann nur in den Pausen. Ich bedaure, dass ich mich falsch verhalten habe.

....	....	....
(Datum)	*(Unterschrift Schüler/in)*	*(Unterschrift Erziehungsberechtigte/r)*

Klassenvertrag

Materialien

✔ Kopiervorlage „Klassenvertrag" (S. 129)

Unterrichtsstörung

Der Schüler ignoriert immer wieder einzelne Regeln und Vereinbarungen aus der Schulordnung. Bisherige Sanktionen haben nur kurzfristig zu einer Verhaltensänderung geführt.

Maßnahme

Gemeinsam mit der Klasse wird ein Klassenvertrag erstellt.

Ziel der Maßnahme

Der Schüler erkennt die Regeln des Vertrages an. Mit seiner Unterschrift dokumentiert er, dass seine Zustimmung zu den Vereinbarungen verbindlich ist und er sich an den Vertrag halten möchte.

Vorbereitung

Führen Sie mit den Schülern ein Vorbereitungsgespräch und kündigen an, dass Sie einen gemeinsamen Klassenvertrag erarbeiten möchten.

So geht's

Innerhalb des Klassenunterrichts wird mit den Schülern zusammen erarbeitet, welche Regeln bzw. welche Vereinbarungen der Klassenvertrag enthalten sollte. Dann wird ein Vertragsformular entworfen. Die Kopiervorlage „Klassenvertrag" stellt dazu ein Beispiel dar. Die Schüler, die Erziehungsberechtigten und der Lehrer unterschreiben den Vertrag. Alle Verträge werden in einer Mappe abgeheftet und im Klassenschrank verwahrt.

Tipp

Ein gemeinsamer Vertragsabschluss mit allen Schülern der Lerngruppe zu Beginn des Schuljahres ist eine gute Präventionsmaßnahme im Hinblick auf Störungen. Sie können auch einen individuellen Vertrag mit einem einzelnen Schüler schließen, der für ein sehr spezielles Störverhalten bekannt ist.

Das folgende Beispiel soll Ihnen nur als Anregung dienen. Wählen Sie je nach Ihren Anforderungen einzelne Vertragspunkte aus, verändern oder ergänzen diese individuell.

Klassenvertrag

- Ich verhalte mich gegenüber meinen Lehrern und Mitschülern so, wie ich auch behandelt werden möchte, nämlich mit Respekt.
- Jeder hat ein Recht auf einen störungsfreien Unterricht. Deshalb laufe ich nicht in der Klasse herum, rufe nicht ungefragt in den Unterricht hinein und störe meine Mitschüler nicht.
- Ich erscheine pünktlich zum Unterricht.
- Meinen Arbeitsplatz halte ich sauber.
- In Konfliktsituationen reagiere ich nicht mit Beschimpfungen, Bedrohungen oder Gewalt.
- Meine Freiheit endet dort, wo die meines Mitmenschen anfängt.

Mit der Unterzeichnung dieses Klassenvertrages versichere ich, dass ich mich um die Einhaltung der Regeln bemühen werde.

....

(Datum) *(Unterschrift Schüler/in)*

Als Erziehungsberechtigte/r unterstütze ich mein Kind darin, die Vereinbarungen des Klassenvertrages einzuhalten.

....

(Unterschrift Erziehungsberechtigte/r)

Trainingsraum-Programm

Klasse 5–10

keine Materialien

Unterrichtsstörung

Der Schüler stört trotz Ermahnungen und verstößt gegen vereinbarte Regeln.

Maßnahme

Der Schüler wird in den Trainingsraum geschickt. Dies ist ein eingerichteter Raum für Schüler, die den Unterricht stören oder sich nicht an Regeln halten.

Ziel der Maßnahme

Die lernbereiten Schüler der Klasse können wieder ungestört arbeiten. Der störende Schüler bekommt Hilfe dabei, sein Sozialverhalten zu verbessern.

Vorbereitung

Das Trainingsraum-Programm sollte im Rahmen einer Lehrerfortbildung erarbeitet werden. Wenn sich Ihr Kollegium dafür entscheidet, wird der Trainingsraum eingerichtet. Die Eltern werden informiert, eine einheitliche Verfahrensweise aller Kollegen wird vereinbart. Der Trainingsraum sollte während der gesamten Unterrichtszeit durch einen Lehrer oder Sozialarbeiter besetzt sein.

So geht's

Schicken Sie den Schüler in den Trainingsraum. Er darf erst wieder in die Klasse zurück, wenn er darlegt, wie er sich künftig verhalten wird, ohne zu stören.

Tipp

In vielen Schulen gehört der Trainingsraum zum Schulprogramm. In Deutschland wurde 1996 unter der Regie von Dr. Stefan Balke der erste Trainingsraum in einer Bielefelder Schule eingerichtet. Literaturbeiträge zum Thema finden Sie im Internet unter den Stichworten „Trainingsraum-Methode" oder „Trainingsraum-Programm".

Ausschluss vom Unterricht

Klasse 8–10

keine Materialien

Unterrichtsstörung

Der Schüler fällt durch grobes Fehlverhalten auf. Er erscheint offensichtlich betrunken, angetrunken oder unter Drogeneinfluss zum Unterricht.

Maßnahme

Der Schüler verlässt sofort den Klassenraum und meldet sich bei der Schulleitung.

Ziel der Maßnahme

Der Schüler wird von den Mitschülern isoliert. Zugleich erhält die Schulleitung umgehend Kenntnis von seinem Fehlverhalten.

Vorbereitung

Die Vorgehensweise in einem solchen Fall ist mit der Schulleitung abgestimmt.

So geht's

Sie beauftragen den Klassensprecher, mit einer Kurzinformation über die aktuelle Sachlage zur Schulleitung zu gehen. Die Schulleitung sorgt dafür, dass die Klasse beaufsichtigt wird. Sie haben dann die Zeit, sich um den störenden Schüler und die entsprechende Maßnahme zu kümmern. Informieren Sie umgehend die Eltern, die ihr Kind abholen müssen. Wann der Schüler wieder am Unterricht teilnimmt, wird in einer Teilkonferenz entschieden.

Tipp

Häufig macht ein klärendes Gespräch mit dem Schüler in seinem augenblicklichen Zustand wenig Sinn. Ausschlaggebend für den weiteren Umgang mit dem Schüler sind die Ergebnisse der Teilkonferenz, die zeitnah nach dem Ausschluss des Schülers vom Unterricht anberaumt werden muss.

Androhung des Schulverweises

Klasse 5–10

keine Materialien

Unterrichtsstörung

Der Schüler verweigert über einen langen Zeitraum konsequent seine Mitarbeit. Er verstößt mehrfach gegen die Schulordnung.

Maßnahme

Alle vorangegangenen Maßnahmen haben zu keiner Verhaltensänderung geführt. Nun wird dem Schüler ein Schulverweis angedroht.

Ziel der Maßnahme

Der Schüler erkennt den Ernst seiner Situation.

Vorbereitung

Sie und Ihre Kollegen haben diverse Maßnahmen, die das Schulgesetz zur Reglementierung des Schülers vorgibt, ergriffen. Diese haben zu keinem Erfolg geführt.

So geht's

Nach allen erfolglosen Maßnahmen drohen Sie dem Schüler nun den Schulverweis an. Diese Maßnahme bedarf eines Konferenzbeschlusses und muss dem Schüler bzw. seinen Erziehungsberechtigten schriftlich zugestellt werden.

Tipp

In den meisten Fällen ist die Androhung des Schulverweises der entscheidende „Schuss vor den Bug“ und der Schüler wird einsichtig. Alle Maßnahmen müssen Sie schriftlich dokumentieren und in der Schülerakte ablegen. Den Eltern und dem Schüler muss klar sein, dass der nächste Schritt ggf. der endgültige Schulverweis (die Entlassung aus der Schule) ist, wenn keine Verhaltensänderung folgt.

Klassenbucheintrag

Klasse 5–10

Materialien

✔ Klassenbuch

Unterrichtsstörung

Der Schüler stört den Unterricht. Sie verwarnen ihn, aber er ignoriert Ihre Verwarnung.

Maßnahme

Der Schüler bekommt wegen seines Verhaltens einen Eintrag ins Klassenbuch.

Ziel der Maßnahme

Bei mehreren Einträgen dieser Art kommt es an den meisten Schulen zu einer Klassenkonferenz.

Vorbereitung

Es ist keine Vorbereitung nötig.

So geht's

Nachdem der Schüler Ihre Verwarnung ignoriert hat, tragen Sie seinen Namen mit der Beschreibung der entsprechenden Störung in das Klassenbuch ein und unterzeichnen mit Ihrem Namenskürzel.

Beispiel: „Jeremy stört wiederholt durch ständiges Hereinrufen den Unterricht."

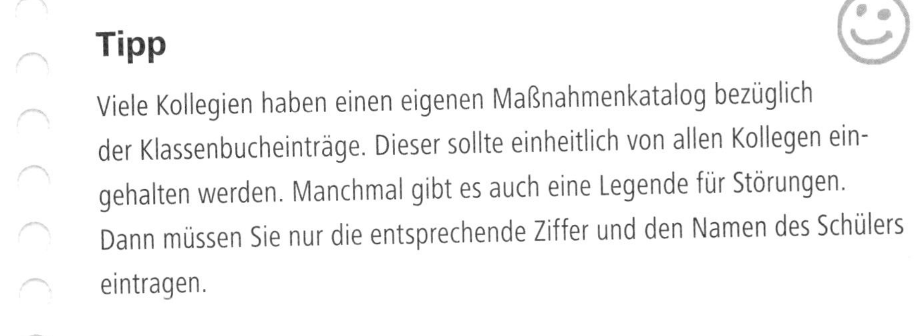

Tipp

Viele Kollegien haben einen eigenen Maßnahmenkatalog bezüglich der Klassenbucheinträge. Dieser sollte einheitlich von allen Kollegen eingehalten werden. Manchmal gibt es auch eine Legende für Störungen. Dann müssen Sie nur die entsprechende Ziffer und den Namen des Schülers eintragen.

Wie kleide ich mich im Unterricht?

Klasse 5–10

Materialien

✔ Kopiervorlage Abschreibtext „Wie kleide ich mich im Unterricht?" (S. 135)

Unterrichtsstörung

Der Schüler sitzt mit Jacke oder Mantel, Handschuhen, Schal und Mütze bekleidet im Klassenzimmer.

Maßnahme

Der Schüler kann angezogen bleiben. Er muss sich aber an einen Einzeltisch setzen und einen Text abschreiben.

Ziel der Maßnahme

Die Maßnahme ist dem Schüler peinlich. Er unterlässt künftig solche Störungen.

Vorbereitung

Sie haben mehrere freie Einzeltische im Klassenraum zur Verfügung.
Den Abschreibtext haben Sie in Kopie immer parat liegen.

So geht's

Sie fordern den Schüler auf, seine Kleidungsstücke an der Garderobe im Flur abzulegen. Er kommt Ihrer Aufforderung nicht nach. Auf Ihre Frage, warum er so angekleidet im Klassenraum sitzt, antwortet er provozierend: „Mir ist kalt." Nun nimmt er mit kompletter Kleidung einen Einzeltisch im Türrahmen bei geöffneter Tür ein. Den Text schreibt er mit Handschuhen und muss ihn später von den Eltern unterschreiben lassen.

Tipp

Diese Maßnahme wirkt auf den Rest der Klasse sehr belustigend.
Und der Schüler stört meistens nur ein einziges Mal auf diese Weise.

Abschreibtext „Wie kleide ich mich im Unterricht?"

Jeden Morgen überlege ich mir nach dem Aufstehen, was ich anziehen soll. Wie wird das Wetter? Manchmal gucke ich am Abend zuvor den Wetterbericht im Fernsehen. Natürlich ziehe ich mich immer den Jahreszeiten entsprechend an. Im Winter muss ich mich natürlich wärmer anziehen als im Sommer.

In meinem Klassenraum wird im Winter geheizt. Mantel und Jacke kann ich deshalb an die Garderobe hängen. Das Tragen von Jacken, Mänteln, Mützen, Schals und Handschuhen ist im Unterricht völlig unnötig und nicht erlaubt. Natürlich weiß ich das. Trotzdem habe ich gegen die Regeln verstoßen.

Das war ziemlich dumm von mir. Ich habe damit die anderen Schüler provoziert. Deshalb schreibe ich jetzt diesen Text ab. Aber das habe ich selber zu verantworten. Obwohl mich mein Lehrer aufgefordert hat, ich möge bitte meine Winterkleidung ausziehen und die Jacke an der Garderobe aufhängen, bin ich stur geblieben. Da saß ich dann mit Handschuhen und Winterkleidung in dem warmen Klassenraum.
Die meisten meiner Mitschüler fanden meinen Auftritt ganz lustig. Dass ich jetzt diesen langweiligen Text abschreiben muss, finde ich aber nicht lustig. Ich habe nicht richtig über mein Verhalten nachgedacht.

In Zukunft hänge ich meine Jacke draußen an der Garderobe auf und die lustigen Auftritte lasse ich besser sein. Das gibt sowieso nur Ärger und die Konsequenzen stehen in keinem Verhältnis zu meinem Auftritt.

Ich nehme mir vor, dass diese Maßnahme eine einmalige Sache sein wird.

....

(Datum) *(Unterschrift Schüler/in)* *(Unterschrift Erziehungsberechtigte/r)*

Grünes Klassenzimmer

Klasse 5–10

Materialien

✔ Liste mit Klassendiensten und den zuständigen Schülern

Unterrichtsstörung

Der Schüler hat wiederholt seinen Klassendienst nicht wahrgenommen, obwohl Sie ihn an seine Aufgabe erinnert haben.

Maßnahme

Der Schüler muss am nächsten Tag eine Pflanze für das Klassenzimmer mitbringen.

Ziel der Maßnahme

Der Schüler nimmt seine Klassendienste in Zukunft ernst und leistet diese ordnungsgemäß und zuverlässig ab.

Vorbereitung

Die Liste mit den Klassendiensten hängt im Klassenraum aus. Am Ende der Woche wird kontrolliert, ob alle Dienste eingehalten wurden.

So geht's

Wenn Sie feststellen, dass der ein oder andere Dienst gar nicht oder nur unzureichend erledigt wurde, muss der Schüler seine Versäumnisse wiedergutmachen. Er bringt zu Beginn der nächsten Schulwoche eine Pflanze mit in die Klasse.

Tipp

Es motiviert die Schüler besonders, ihren Klassenraum schön und wohnlich zu gestalten. Machen Sie den Schülern deutlich, wie wichtig es ist, sich im Klassenraum wohlzufühlen. Vom „grünen Klassenzimmer" profitieren alle.

Rote Karte

Klasse 5–10

Materialien

- ✔ Kopiervorlage Abschreibtext „Rote Karte" (S. 138)
- ✔ rotes Kopierpapier
- ✔ Laminierfolie und Laminiergerät

Unterrichtsstörung

Der Schüler missachtet ständig die Verhaltensregeln.

Maßnahme

Der Schüler erhält die Rote Karte und muss einen Text abschreiben.

Ziel der Maßnahme

Dem Schüler wird deutlich, dass das ständige Missachten der Verhaltensregeln Sanktionen nach sich zieht. Er überdenkt sein Verhalten.

Vorbereitung

Sie kopieren den Abschreibtext auf rotes Papier und laminieren die rote Karte.

So geht's

Obwohl Sie den Schüler auf seine Missachtung der Verhaltensregeln hinweisen und ihn ermahnen, wiederholt sich sein Störverhalten. Der Schüler bekommt nun die Rote Karte mit dem Arbeitsauftrag, den Text abzuschreiben und von seinen Eltern unterschreiben zu lassen.

Tipp

Der Text wird nicht während des Unterrichts geschrieben, sondern in der Freizeit. Der Schüler wird die Aufgabe als lästig empfinden und sich um die Einhaltung des Regelwerkes bemühen. Im Internet finden Sie unter dem Stichwort „Rote Karte" zahlreiche Beispiele.

Abschreibtext „Rote Karte“

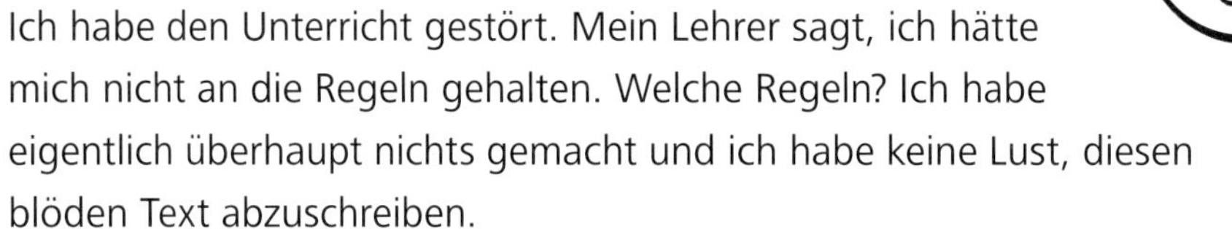

Ich habe den Unterricht gestört. Mein Lehrer sagt, ich hätte mich nicht an die Regeln gehalten. Welche Regeln? Ich habe eigentlich überhaupt nichts gemacht und ich habe keine Lust, diesen blöden Text abzuschreiben.

Wenn ich ihn fertig abgeschrieben habe, sollen meine Eltern den Text unterschreiben. Das gefällt mir überhaupt nicht. Vielleicht werden meine Eltern fragen, warum ich diesen unsinnigen Text abschreiben soll. Ganz bestimmt werden sie wissen wollen, was ich angestellt habe. Was sage ich dann? Dass ich eigentlich gar nichts gemacht habe? Das werden sie mir nicht glauben. Sie werden weiter nachfragen, weil sie wissen wollen, warum ich diesen Text abschreiben muss. Dann werde ich ihnen wohl oder übel sagen, dass ich mich nicht an die Regeln gehalten habe.

Hätte ich mich an die Regeln gehalten, dann könnte ich jetzt etwas Schönes machen. Ich könnte draußen spielen oder mit meinen Freunden etwas unternehmen. Aber ich habe keine Zeit, weil ich diesen Text abschreiben muss.

Ich nehme mir vor, dass ich mich künftig an die Regeln halten werde, damit ich diesen Text nicht noch einmal abschreiben muss.

....	....	....
(Datum)	*(Unterschrift Schüler/in)*	*(Unterschrift Erziehungsberechtigte/r)*

Offener Brief an die Klasse

Materialien

✔ Schreibpapier

Unterrichtsstörung

Der Schüler stört immer wieder den Unterricht, weil er Briefchen schreibt. Die kleinen Zettel kursieren in der Klasse.

Maßnahme

Der störende Schüler erhält die Aufgabe, einen offenen, sein Verhalten erklärenden Brief an die Klasse zu schreiben.

Ziel der Maßnahme

Der Schüler erkennt sein Störverhalten und vor allen Dingen, dass er durch sein Verhalten mehrere Mitschüler vom erfolgreichen Lernen abhält.

Vorbereitung

Es sind keine Vorbereitungen nötig.

So geht's

Trotz Ihrer Ermahnung lässt sich der Schüler von seiner Schreiblust nicht abhalten. Nun soll er einen Brief an die Klasse schreiben, in dem er sich zu seinem Störverhalten äußert und das Versprechen leistet, das Briefchen-Schreiben im Unterricht ab sofort einzustellen. Den Brief liest der Schüler der Klasse vor.

Tipp

Geben Sie dem Schüler keine Schreibvorlage, schließlich ist er ja im Schreiben von Briefen sehr geübt. Weisen Sie ihn darauf hin.

Anonymer Meckerkasten

Klasse 5–10

Materialien

- ✔ Karton oder Kiste mit der Aufschrift „Meckerkasten"
- ✔ Papierbox oder Ablagekasten
- ✔ kopierte Schreibvorlagen für jeden Schüler mit der Überschrift „Darüber möchte ich mich beschweren!"

Unterrichtsstörung

Der Schüler fühlt sich durch bestimmte Verhaltensweisen oder Methoden des Lehrers gestört und dadurch zu Unterrichtsstörungen veranlasst.

Maßnahme

Innerhalb des Klassenraumes wird ein Meckerkasten für Schülerbriefe aufgestellt. Auf diesem Weg können sich die Schüler einmal über den Lehrer beschweren.

Ziel der Maßnahme

Der Schüler kann seinem Herzen Luft machen und all das aufschreiben, was ihn an Ihrem Verhalten stört. Sie können gemeinsam nach Alternativen suchen.

Vorbereitung

Im Vorfeld haben Sie festgestellt, dass Schüler schon mal ihren Unmut zum Unterricht geäußert haben, allerdings weder eindeutig noch konkret. Im Rahmen einer Klassenstunde regen Sie an, einen Meckerkasten einzurichten. Sie basteln gemeinsam mit den Schülern den Briefkasten und stellen eine Papierbox mit Schreibpapier zur Verfügung.

So geht's

Die Schüler haben nun die Möglichkeit, die Dinge aufzuschreiben, die sie gerne verbessert oder geändert wünschen. Einmal pro Woche wird der Meckerkasten geleert und zwei Schüler lesen im Wechsel die Post vor.

Diskutieren Sie und überlegen mit der Klasse, ob es Alternativen zu den Dingen gibt, die bemängelt werden.

Tipp

Sie können mit der Klasse auch, falls gewünscht, über mögliche Unterrichtsinhalte diskutieren. Es ist klar, dass es festgelegte Lehrpläne gibt. Aber natürlich haben Sie als Lehrer die Möglichkeit, evtl. die Reihenfolge der Themen zu ändern. Darüber hinaus können Sie in vielen Unterrichtsfächern die Wünsche und Anregungen der Schüler berücksichtigen und in Ihre Planung miteinbeziehen.

Stellen Sie den Schülern in Aussicht, dass Sie bei aktiver Mitarbeit und störungsfreiem Unterricht durchaus die Chance sehen, Zusatzwünsche zu berücksichtigen. Was die Methoden des Unterrichts betrifft, so geben Sie diese natürlich vor. Aber auch hier können Sie sich entgegenkommend und auch experimentierfreudig zeigen. Ändern Sie z. B. öfter mal die Sozialformen.

Den Schülern muss klar sein, dass es sich bei den Briefen für den Meckerkasten nicht um persönliche Schreiben handelt, sondern dass Sachlichkeit im Vordergrund stehen sollte. Natürlich dürfen die Schüler schreiben, was sie als störend empfinden. Dazu gehört aber nicht, dass die Schüler sich z. B. eine andere Frisur für Sie wünschen. Auch persönliche Beleidigungen oder das Anschwärzen von Mitschülern haben im Meckerkasten keinen Platz.

Professionelle Hilfen außerhalb der Schule

Klasse 7–10

keine Materialien

Unterrichtsstörung

Der Schüler fällt immer wieder durch Verhaltensweisen auf, die möglicherweise auf psychische Probleme hindeuten. Das können unter anderem eine stark auffällige sexualisierte Sprache, Panikattacken oder auch Tics sein.

Maßnahme

Sie besprechen im Rahmen einer Klassenkonferenz, welche Hilfen Sie außerhalb der Schule nutzen können. Professionelle Hilfen werden hinzugezogen und involviert.

Ziel der Maßnahme

Um dem Schüler zu helfen, wird den Ursachen der Störung auf den Grund gegangen. Ziel ist es, die Unterrichtsstörungen zu beenden. Es manifestiert sich keine andauernde, belastende Situation für die gesamte Klasse.

Vorbereitung

Bereiten Sie die Klassenkonferenz gut vor. Bringen Sie alle Dokumentationen des Schülerverhaltens mit. Sie sollten auch eine Adressenliste mit den entsprechenden Einrichtungen bzw. Ansprechpartnern vorbereiten.

So geht's

Sie beobachten über einen längeren Zeitraum die Störungen des Schülers. Vier-Augen-Gespräche haben keine Klärung der Ursache gebracht. Sie haben Elterngespräche geführt und offen über die Schwierigkeiten mit dem Schüler gesprochen. Evtl. haben Sie den Eltern zu einem Termin beim Psychologen oder einer Erziehungsberatungsstelle geraten. Bislang hat keine Maßnahme zu Veränderungen im Verhalten des Schülers geführt. Nach wie vor verhält sich der Schüler massiv auffällig. Die Störungen belasten mittlerweile auch die Mitschüler.

Sie beraumen daher einen Termin für eine Klassenkonferenz an. An der Konferenz sollten alle Kollegen teilnehmen, die in der Klasse unterrichten, sowie die Schulleitung. Jeder Kollege beschreibt den Schüler und dessen Verhalten aus seiner Sicht und stellt Hypothesen auf. Die Kollegen teilen mit, in welchen Situationen der Schüler besonders auffällig wird. Gibt es Unterrichtsstunden, in denen er nicht durch diese Störung auffällig wird?
Gemeinsam überlegen Sie, welche professionellen Hilfen Sie mit ins Boot holen können. Die meisten Schulen sind gut mit Institutionen vernetzt. Häufig ist auch ein Schulsozialarbeiter an der Schule beschäftigt. Er könnte federführend mit dem Fall betraut werden. Steht kein Sozialarbeiter zur Verfügung, kann auch der Vertrauenslehrer oder der Klassenlehrer diese Aufgabe übernehmen.

Nehmen Sie Kontakt zu den in der Klassenkonferenz ausgewählten Ansprechpartnern auf und vereinbaren Sie einen Termin. Ein erster Beratungskontakt sollte mit dem Klassenlehrer stattfinden. Im Anschluss daran werden die unterrichtenden Kollegen zu künftigen Beratungseinheiten eingeladen.

Tipp

Massive Störungen können vielerlei Ursachen haben. Häufig sind Lehrer mit solchen Störungen überfordert. Sie sind in diesem Fall wichtiger Beobachter und geben Ihre Informationen an die entsprechende Stelle weiter. Ziel ist es, dem Schüler zu helfen und die Klasse vor den Störungen zu schützen.

Äußern Sie gegenüber dem Schüler keine Mutmaßungen und stellen Sie keine Suggestivfragen. Haben Sie z. B. einen Verdacht auf eine Form von Missbrauch, halten Sie ihn vor dem Schüler zurück. Missbrauch, in welcher Form auch immer, ist ein hochsensibler und mit Vorsicht zu behandelnder Tatbestand. Hier benötigen Sie professionelle Unterstützung. Vertraut ein Schüler Ihnen im Gespräch einen Missbrauch an, müssen Sie umgehend handeln und Ihre Information an den für Ihre Region zuständigen Beratungsdienst weiterleiten.

Einsatz eines Beobachtungsbogens

Klasse 5–10

Materialien

✔ Kopiervorlage „Beobachtungsbogen für mögliche Hinweise auf ADS" (S. 146/147) für jeden Kollegen

Unterrichtsstörung

Der Schüler stört immer wieder den Unterricht, z. B. durch auffälliges motorisch-unruhiges Verhalten, wie permanente Beinbewegungen, Kippeln oder Stuhl-Schaukeln. Oder er stört durch ein der Situation nicht angemessenes verbales Verhalten, z. B. lautes In-die-Klasse-Rufen.

Maßnahme

Der Beobachtungsbogen wird eingesetzt und das Verhalten des Schülers wird von mehreren Kollegen detailliert beobachtet.

Ziel der Maßnahme

Unterschiedliche Hinweise auf eine evtl. vorliegende Aufmerksamkeitsstörung (ADS) des Schülers werden strukturiert dokumentiert und gesammelt.

Vorbereitung

Führen Sie im Vorfeld eine Klassenkonferenz durch, an der alle in der Klasse unterrichtenden Kollegen teilnehmen und ihre Beobachtungen bezüglich des Schülers einbringen.
Eine intensive Auseinandersetzung mit den Beobachtungskriterien des Beobachtungsbogens sollte ebenfalls erfolgen.

So geht's

Sie händigen Ihren Kollegen eine Kopie des Beobachtungsbogens aus. Wenn alle Kollegen, ebenso wie Sie selbst, den Bogen ausgefüllt haben, sollten Sie innerhalb einer weiteren Klassenkonferenz eine gemeinsame Auswertung Ihrer Beobachtungen vornehmen. Wenn Sie anhand des Bogens feststellen, dass mehrere Beobachtungspunkte angekreuzt wurden, sollten Sie das weitere Vorgehen im Kreise der in der Klasse unterrichtenden Kollegen besprechen. Daran muss sich unbedingt ein Beratungsgespräch mit den Erziehungsberechtigten anschließen. Sie können den Eltern empfehlen, professionelle Hilfe in Anspruch zu nehmen. Das können eine psychologische Beratungsstelle, der Kinderarzt oder der Schulpsychologe sein. Bei dem Verdacht auf organische Ursachen, etwa im Bereich der Motorik, raten Sie den Eltern zu einem Termin bei einem Kinder- und Jugendneurologen oder Psychiater.

Tipp

Wenn die Eltern Hilfen von außen in Anspruch nehmen, ist es von Vorteil, Ihre Mitarbeit anzubieten. Sie können dann Ihre Beobachtungen mitteilen und kooperativ mit den entsprechenden Stellen zusammenarbeiten. Häufig wird in solchen Fällen eine schriftliche Einverständniserklärung der Eltern erforderlich, die sowohl Sie als auch den behandelnden Arzt von der Schweigepflicht entbindet.
Ziel ist es immer, dem Schüler und den Erziehungsberechtigten so viele Hilfsangebote wie möglich zur Verfügung zu stellen.

Der Beobachtungsbogen hat keinen Anspruch auf Vollständigkeit und ersetzt keine umfassende Diagnostik. Er soll Ihnen helfen, den störenden Schüler genauer zu beobachten. Häufig sind Sie als Klassenlehrer damit überfordert, jedes einzelne Detail genau wahrzunehmen und einzuordnen. Es hilft sehr, wenn man einen Kollegen oder einen Lehramtsanwärter mit dieser Aufgabe betraut. Das hat auch den Vorteil einer objektiveren Beurteilung.

Beobachtungsbogen für mögliche Hinweise auf ADS (1/2)

Name der Schülerin/des Schülers: ....

Beobachtungen zur Aufmerksamkeit

- ☐ Der Schüler hat Schwierigkeiten, zeitnah mit seinen Mitschülern mit der Bearbeitung einer Aufgabe zu starten.
- ☐ Der Schüler kann angefangene Arbeiten nicht immer beenden.
- ☐ Der Schüler erweckt häufig den Anschein, dass er nicht zuhört.
- ☐ Der Schüler ist leicht durch Kleinigkeiten in seinem Umfeld ablenkbar.
- ☐ Der Schüler hat Probleme, sich über einen längeren Zeitraum zu konzentrieren.

Beobachtungen zur Impulsivität

- ☐ Der Schüler handelt oft unüberlegt.
- ☐ Der Schüler stört immer wieder durch Zwischenrufe.
- ☐ Der Schüler braucht immer erneut die Ansprache des Lehrers, um weiterzuarbeiten.
- ☐ Der Schüler fängt Aufgaben an, ohne sie zu beenden, und wendet sich der nächsten Aufgabe zu.
- ☐ Der Schüler ist nicht dazu in der Lage, seine Arbeit zu planen.
- ☐ Der Schüler verfügt über ein schlechtes Zeitmanagement.
- ☐ Der Schüler benötigt sehr viel Aufsicht durch den Lehrer.

Beobachtungsbogen für mögliche Hinweise auf ADS (2/2)

Beobachtungen zur Grobmotorik

- [ ] Der Schüler steht häufig auf und läuft herum.
- [ ] Der Schüler kann nicht still an seinem Platz sitzen bleiben.
- [ ] Der Schüler bewegt unentwegt seine Beine von innen nach außen und kann offensichtlich die Bewegung nicht steuern.
- [ ] Der Schüler macht unkontrollierte Zappel-Bewegungen.
- [ ] Der Schüler macht ständig Bewegungen mit den Armen und/oder den Händen (z. B. Klopfbewegungen mit einer oder beiden Händen).
- [ ] Der Schüler vermittelt oft den Eindruck, als stünde er unter Druck.
- [ ] Der Schüler macht immer irgendwelche Geräusche. Dazu benutzt er z. B. einen Kugelschreiber oder er klopft mit dem Lineal auf den Tisch.
- [ ] Der Schüler ist in einer ständigen körperlichen Unruhe.

Beobachtungen zur Feinmotorik

- [ ] Der Schüler hat Schwierigkeiten, den Stift altersentsprechend zu halten.
- [ ] Der Schüler hat Schwierigkeiten beim Werfen und Fangen eines Balles.
- [ ] Der Schüler kann eine vorgegebene Figur (Kreis/Viereck) nicht korrekt ausschneiden. Er bewegt die Schere, nicht das Papier.
- [ ] Der Schüler weist Störungen in der Rechts-Links-Koordination auf.
- [ ] Der Schüler hat Probleme mit dem Gleichgewicht.

Mitteilungsheft

Klasse 5–7

Materialien

✔ liniertes DIN-A5-Heft (wird von den Eltern angeschafft)

Unterrichtsstörung

Der Schüler stört durch immer wiederkehrende Regelverstöße. Er hält sich nicht an Vereinbarungen und vergisst oft wichtige Unterrichtsmaterialien.

Maßnahme

Sie führen ein Mitteilungsheft zur Information der Erziehungsberechtigten.

Ziel der Maßnahme

Der Schüler merkt, dass seine Eltern regelmäßig über sein Verhalten informiert werden, und lernt, sich an Vereinbarungen zu halten.

Vorbereitung

Sie führen ein Beratungsgespräch mit den Erziehungsberechtigten und vereinbaren mit ihnen das Führen eines Mitteilungsheftes. Die Eltern schaffen ein DIN-A5-Heft an und beschriften es mit der Aufschrift „Mitteilungsheft für …"

So geht's

Tragen Sie täglich Ihre Mitteilungen mit Datum und Ihrer Unterschrift in das Mitteilungsheft ein. Beispiel: „Kevin hatte heute seinen Zirkel nicht dabei und konnte nicht erfolgreich im Mathematikunterricht mitarbeiten." Die Eltern kommentieren Ihre Mitteilung und unterschreiben diese.

Tipp

Erinnern Sie den Schüler nicht an das Mitteilungsheft. Er muss es Ihnen täglich unaufgefordert vorlegen. Den Eltern legen Sie nahe, täglich in das Heft zu schauen.

Schülerlogbuch

Klasse 5–10

Materialien

✔ Schülerlogbuch (für alle Schüler)

Unterrichtsstörung

Der Schüler stört den Unterricht durch mangelnde Selbstorganisation und mangelnde Merkfähigkeit.

Maßnahme

Der Schüler führt täglich ein Schülerlogbuch.

Ziel der Maßnahme

Alle Informationen und für den Schüler wichtigen Daten finden sich zentral in einer Übersicht. Kommunikationsheft und Hausaufgabenheft werden überflüssig.

Vorbereitung

Vor Beginn des Schuljahres werden die Logbücher für alle Schüler angeschafft.

So geht's

Der störende Schüler oder auch alle Schüler der Klasse arbeiten regelmäßig mit dem Logbuch. Das Logbuch ist ein Lernplaner. Der Lernstand wird in Form von Wochen- und Monatszielen dokumentiert. Zensuren der Klassenarbeiten oder anderer Leistungsüberprüfungen können eingetragen werden. Gleichzeitig finden sich die Schulordnung, die Terminübersicht über das Schuljahr, Entschuldigungsformulare etc. im Logbuch. Am Schuljahresende sollten die Logbücher evaluiert werden. Manchmal stellt sich heraus, dass bestimmte Rubriken überflüssig sind, andere wiederum fehlen. Je nach Bedarf werden die Logbücher individuell ergänzt.

Tipp

Viele Schulen arbeiten einheitlich mit einem individuellen Logbuch für jeden Schüler. Eltern können sich immer über die Termine oder aktuelle Ereignisse informieren. Ein Kommunikationsheft wird dann überflüssig.

Schüler-Logbücher können bei unterschiedlichen Herstellern bestellt werden. Bestellt man für die gesamte Schülerschaft, hat man Einfluss auf die Gestaltung. Man stellt z. B. die schuleigenen Termine, das Schulprogramm etc. in das Logbuch.

Mögliche Bezugsadressen: www.schuler-logbuch.de oder www.timetex.de.

Respekt und Freundlichkeit

Klasse
5–10

Materialien

✔ Kopiervorlage Lückentext „Respekt und Freundlichkeit“ (S. 152/153)

Unterrichtsstörung

Trotz Ermahnungen geht der Schüler sehr respektlos mit einem oder mehreren Mitschülern um. Er zeigt sich immer nur kurzfristig einsichtig.

Maßnahme

Der Schüler erhält einen Lückentext zum Thema „Respekt und Freundlichkeit“. Diesen Text muss er bis zum nächsten Tag ausgefüllt haben und mit der Unterschrift seiner Eltern bei Ihnen abgeben.

Ziel der Maßnahme

Der Schüler reflektiert sein Fehlverhalten und formuliert selbstständig einen „Täter-Opfer-Ausgleich“. Er geht künftig respektvoller mit seinen Mitschülern um.

Vorbereitung

Sie kopieren die Vorlage „Respekt und Freundlichkeit“. Es empfiehlt sich, immer einige Kopien vorbereitet zu haben.

So geht's

Der Schüler bekommt die Kopie mit der Textvorlage. Er muss die fehlenden Textstellen individuell ergänzen. Dabei soll er sein Verhalten beschreiben und mögliche Konsequenzen vorschlagen.

Tipp

Sie sollten den Text mit dem Schüler besprechen. Sehr schnell werden Sie merken, wie ernst der Schüler diese Maßnahme nimmt. Ggf. beraumen Sie ein Elterngespräch an.

Respekt und Freundlichkeit (1/2)

Ich soll mir mithilfe dieses Textes klarmachen, was die Begriffe Respekt und Freundlichkeit bedeuten. Vor allen Dingen soll ich darüber nachdenken, was Respekt und Freundlichkeit gegenüber meinen Mitschülern heißt.

Ich möchte, dass die anderen freundlich zu mir sind und mich mit Respekt behandeln. Auf keinen Fall möchte ich beleidigt werden. Es ist angenehm, wenn alle freundlich zueinander sind. Was ich mir von den anderen wünsche, erwarten die anderen auch von mir.

Ich habe mich nicht respektvoll gegenüber

.... verhalten.
(Name der Schülerin/des Schülers)

Warum ich mich so verhalten habe?
Also, das war so:
(Bitte begründe hier dein Verhalten.)

....

....

....

....

....

....

....

....

....

....

....

Respekt und Freundlichkeit (2/2)

Ich hätte es nicht gerne, wenn die anderen sich mir gegenüber so verhalten würden. Warum?
(Schreibe hier auf, wie du dich dann fühlen würdest.)

....

....

....

....

Ich sitze nun hier und muss überlegen, wie ich mich bei

.... entschuldigen kann.
(Name der Schülerin/des Schülers)

Vielleicht kann ich etwas für sie/ihn tun oder erledigen, um mein schlechtes Verhalten wiedergutzumachen. Vielleicht …
(Schreibe hier auf, was du tun könntest.)

....

....

....

....

Ich nehme mir vor, mich in Zukunft nicht mehr so zu benehmen.

....	....	....
(Datum)	*(Unterschrift Schüler/in)*	*(Unterschrift Erziehungsberechtigte/r)*

Klassendienste einführen

Klasse 5

Materialien

- ✔ Pappkarten
- ✔ dicke Filzstifte
- ✔ Laminierfolien und Laminiergerät
- ✔ Wäscheklammern mit den Namen der Schüler
- ✔ kleine Schachtel zur Aufbewahrung der Klammern
- ✔ Kordel

Unterrichtsstörung

Die Klasse wurde zu Beginn des 5. Schuljahres neu zusammengestellt. Das Ordnungssystem funktioniert noch nicht. Klassendienste sind noch nicht zugeteilt.

Maßnahme

Die Schüler entwickeln eigenständig eine Liste mit erforderlichen Klassendiensten und erstellen Karten. Dann werden den Schülern Dienste mit den Verantwortlichkeiten für das Ordnungssystem zugeteilt.

Ziel der Maßnahme

Die Schüler erarbeiten selber, welche Aufgaben innerhalb der Klassengemeinschafft erforderlich sind, um eine gewisse Ordnung einzuhalten.

Vorbereitung

Gemeinsam mit den Schülern wird eine To-do-Liste erstellt. Innerhalb von Kleingruppen werden zunächst Vorschläge gesammelt. Einigen Sie sich im Plenum auf eine gemeinsame Liste mit Klassendiensten. Die Methode, Dienste innerhalb der Klasse einzelnen Schülern zuzuordnen, kennen die Schüler aus der Grundschule.

So geht's

Nach der Festlegung der Dienste werden diese einzeln auf Karten geschrieben und ggf. mit einem Bild versehen. Danach laminieren Sie die Karten und lochen diese am oberen und unteren Ende. Anschließend verbinden Sie die Karten mit einer Kordel. Jeder Schüler erhält eine Wäscheklammer, die er mit seinem Namen beschriftet. Diese lagern in einer Schachtel.
Am Wochenbeginn werden für jeden Dienst zwei Klammern aus der Schachtel gezogen und an die jeweilige Dienstkarte geheftet. Die Schüler übernehmen für eine Schulwoche den Dienst.
Das Aufgabenfeld eines jeden Dienstes wird genau besprochen und diskutiert. Dann wird es festgelegt.

Tipp

Manchmal verändern sich die Dienste innerhalb der Klasse. Gerade in den höheren Klassen möchten Schüler z. B. keine Pflanzen im Klassenzimmer haben. Dann entfällt der Blumendienst. Oder es kommen neue Aufgaben hinzu. Dann werden alte Karten durch neue ersetzt.

Die selbstständige Entwicklung dieser Klassendienste motiviert die Schüler besonders, darauf zu achten, dass diese auch eingehalten werden.

Im Internet finden sich zahlreiche Beispiele für die Gestaltung von Klassendienstkarten, z. B. unter www.hannes-comix.de/illustrationen/illus/ordnungsdienst

Hausaufgaben-Gutschein

Klasse 5

Materialien

- ✔ Kopiervorlage „Hausaufgaben-Gutschein" (S. 157)
- ✔ farbiges Kopierpapier

Unterrichtsstörung

Der Schüler vergisst ständig seine Hausaufgaben.

Maßnahme

Der Schüler erhält für sorgfältig erledigte Hausaufgaben einen Gutschein dafür, dass er einmal keine Hausaufgaben zu machen braucht.

Ziel der Maßnahme

Der Schüler erhält eine Belohnung für die sorgfältige Bearbeitung seiner Hausaufgaben. Er lernt, dass er selbstständig, eigenverantwortlich und regelmäßig seine Hausaufgaben erledigen muss.

Vorbereitung

Dokumentieren Sie genau, ob der Schüler die Hausaufgaben in jedem Fach sorgfältig erledigt hat. Legen Sie eine Klassenliste in das Klassenbuch, in der jeder Kollege fehlende Hausaufgaben einträgt. Kopieren Sie den Hausaufgaben-Gutschein auf farbiges DIN-A4-Papier.

So geht's

Wenn der Schüler z. B. 5-mal seine Hausaufgaben sorgfältig erledigt und vorgezeigt hat, erhält er von Ihnen den Gutschein.

Tipp

Der Schüler kann den Zeitpunkt des Einlösens selber wählen. Er darf auch Gutscheine sammeln. So kann er auf eine „hausaufgabenfreie" Woche sparen.

Hausaufgaben-Gutschein

für ....

Der Besitzer dieses Gutscheins braucht an einem von ihm ausgewählten Tag keine Hausaufgaben zu erledigen.

Pfeil, Daumen © Magnus Siemens

....

(Datum, Unterschrift der Lehrerin/des Lehrers)

Hausaufgaben-Gutschein

für ....

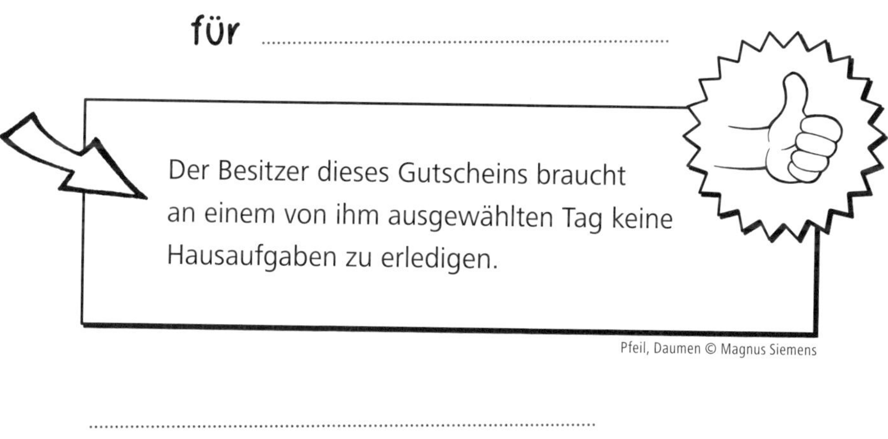

Der Besitzer dieses Gutscheins braucht an einem von ihm ausgewählten Tag keine Hausaufgaben zu erledigen.

Pfeil, Daumen © Magnus Siemens

....

(Datum, Unterschrift der Lehrerin/des Lehrers)

Tornister-Training

Klasse 5–6

Materialien

- ✔ Unterrichtsmaterialien des Schülers
- ✔ Stundenplan des Schülers
- ✔ Pappkarten zum Beschriften (pro Unterrichtsfach eine Karte)

Unterrichtsstörung

Der Schüler hat nie alle für den Unterricht nötigen Materialien und oft auch keine Hausaufgaben dabei. Das hindert ihn an einer erfolgreichen Mitarbeit.

Maßnahme

Der Schüler muss unter Aufsicht seinen Tornister für den entsprechenden Tag vollständig packen.

Ziel der Maßnahme

Der Schüler lernt, wie er seinen Tornister für den jeweiligen Schultag packen muss. Er lernt, dass er für jedes Unterrichtsfach die entsprechenden Materialien dabeihaben und die Hausaufgaben machen muss, um erfolgreich am Unterricht teilnehmen zu können.

Vorbereitung

Sie suchen eine Stunde im Plan des Schülers aus, in der die Maßnahme stattfinden kann. Findet sich keine Freistunde, dann muss dieses Training im Anschluss an seinen Unterricht stattfinden. Zu diesem Termin muss der Schüler erscheinen. Seine kompletten Schulutensilien (Bücher, Hefte, Mappen etc.) bringt er mit.

So geht's

Der Schüler erscheint zu dem verabredeten Termin. Seine erste Aufgabe ist, Schilder mit den einzelnen Unterrichtsfächern zu erstellen. Diese stellt er auf einer Tischreihe auf. Dann beginnt er damit, den Fächern den Inhalt seiner Schultasche zuzuordnen. In einem nächsten Schritt lernt er, wie er mithilfe seines Stundenplans seine Tasche packen muss.

Geben Sie dem Schüler die entsprechenden Wochentage vor, für die er nun seinen Tornister packen muss. Im Anschluss kontrollieren Sie sehr genau, ob es ihm gelungen ist. Sparen Sie nicht mit Lob.
Natürlich sollte man erwarten können, dass ein Schüler in der 5. Klasse dazu in der Lage sein sollte, mit einem richtig gepackten Tornister in der Schule zu erscheinen. Aber es gibt vereinzelt immer wieder Schüler, die sehr unstrukturiert sind und diese Hilfestellung gut gebrauchen können.

Tipp

Während des Sortiervorganges werden lose Arbeitsblätter in die entsprechenden Mappen der Schulfächer einsortiert, nicht mehr benötigte Zettel werden entsorgt.
Sie können dem Schüler raten, den Tornister immer zu einer bestimmten Zeit am Vortag zu packen.
Stellen Sie während der Trainingsstunde fest, dass der Schüler einen unmotivierten Eindruck macht oder sogar Anzeichen einer Überforderung deutlich werden, sollten Sie mit den Erziehungsberechtigten einen Termin vereinbaren.
In einem solchen Gesprächstermin bitten Sie die Eltern um Mithilfe. Machen Sie ihnen deutlich, dass der Schüler immer wieder Probleme bekommt, erfolgreich am Unterricht mitzuarbeiten.
Viele Eltern reagieren dann häufig sehr erstaunt. Die meisten Eltern sind sich des Problems gar nicht bewusst. Sie hören dann Sätze wie: „Er packt doch immer seine Tasche." Oder „Das hören wir zum ersten Mal. Diese Probleme hatte er an der Grundschule nicht."

Nacharbeiten von Hausaufgaben

keine Materialien

Unterrichtsstörung

Der Schüler vergisst häufig die Hausaufgaben.

Maßnahme

Der Schüler erhält bei der ersten nicht vorgelegten Hausaufgabe die Möglichkeit, diese bis zum nächsten Tag nachzureichen. Hat er jedoch wiederholt keine Hausaufgaben dabei, muss er diese an einem Zusatztermin nacharbeiten.

Ziel der Maßnahme

Der Schüler gelangt zu der Erkenntnis, dass er die Pflicht hat, seine Hausaufgaben zu erledigen und Versäumtes ihn den Anschluss an die Leistungen seiner Klasse verpassen lässt.

Vorbereitung

Für eine solche zusätzliche Zeit des Nacharbeitens brauchen Sie einen Konferenzbeschluss der Lehrerkonferenz. Sie müssen in einem Elternbrief über diese Maßnahme informieren.

So geht's

Der Schüler hat wiederholt keine Hausaufgaben dabei. Nun muss er an einem Zusatztermin in der Schule erscheinen und die versäumten Hausaufgaben nacharbeiten.

Tipp

Dem Schüler wird deutlich gemacht, dass man ihm durch die Maßnahme die Chance gibt, den Anschluss an die Leistungen seiner Lerngruppe wiederherzustellen. Es ist ratsam, ein Elterngespräch zu führen, bevor man zu dieser Methode greift.

Kapitel 3

Lernerfolge aus Sanktionen positiv verstärken

Belohnungsjoker

Klasse 5–6

Materialien

- ✔ Kopiervorlage „Belohnungsjoker" (S. 164)
- ✔ ggf. Plakat (DIN-A1) und Stifte

Unterrichtsstörung

Der Schüler fällt immer wieder durch verschiedene Einzelstörungen auf.

Maßnahme

Sie setzen ein Belohnungssystem für den Schüler ein, bei dem er Jokerkarten für jede Einhaltung von Regeln sammeln kann.

Ziel der Maßnahme

Der Schüler reflektiert seine Unterrichtsstörungen und bemüht sich, diese zu unterlassen. Er ist motiviert, so viele Joker wie möglich zu bekommen. Sein Fehlverhalten reduziert sich deutlich.

Vorbereitung

Erstellen Sie die Jokerkarten bzw. kopieren Sie die Vorlagen. Sie können auch die Joker aus Kartenspielen farbig kopieren. Dann werden die Karten laminiert, damit sie häufiger eingesetzt werden können.

So geht's

Sie erklären den Schülern das Belohnungssystem. Legen Sie fest, wann ein Joker erlangt werden kann. Ggf. dokumentieren Sie das System auf einem Plakat.

Hat ein Schüler es geschafft, eine Woche lang nicht durch bestimmte Störungen aufzufallen, erhält er einen Joker. Hat er eine bestimmte Anzahl von Jokern gesammelt, erhält er eine Belohnung. Hier ist Ihre Fantasie gefragt: Welche Belohnung ist für welchen Schüler passend bzw. besonders attraktiv?

Tipp

Handelt es sich bei Ihrer Lerngruppe um eine sehr unruhige Klasse, besteht auch die Möglichkeit, dass alle Schüler gemeinsam Joker sammeln und diese auch für eine gemeinsame „schöne" Aktivität einlösen können. Das kann z. B. ein Ausflug, ein Kinobesuch oder Ähnliches sein. So können Sie verhindern, dass sich die Schüler, die nicht stören, benachteiligt fühlen. Darüber hinaus lässt sich so das Gemeinschaftsgefühl der Klasse stärken und die Maßnahme führt dazu, dass die Schüler sich gegenseitig unterstützen.

Belohnungsjoker

JOKER

für ....

Toll, dass du dein Verhalten verbessert hast!

WEITER SO!

Joker © Norbert Höveler
Pfeile © Magnus Siemens

JOKER

für ....

Toll, dass du dein Verhalten verbessert hast!

WEITER SO!

Joker © Norbert Höveler
Pfeile © Magnus Siemens

JOKER

für ....

Toll, dass du dein Verhalten verbessert hast!

WEITER SO!

Joker © Norbert Höveler
Pfeile © Magnus Siemens

JOKER

für ....

Toll, dass du dein Verhalten verbessert hast!

WEITER SO!

Joker © Norbert Höveler
Pfeile © Magnus Siemens

Mündliches Lob im Vier-Augen-Gespräch

Klasse 5–10

keine Materialien

Unterrichtsstörung

Ein Schüler ist über längere Zeit durch sein Störverhalten negativ aufgefallen. Er schafft es aber gegenwärtig, sich an die vorgegebenen Maßnahmen zu halten.

Maßnahme

Der Schüler erhält in einem Vier-Augen-Gespräch mit Ihnen ein besonderes Lob für sein positives Verhalten.

Ziel der Maßnahme

Der Schüler wird durch diese besondere Form des Lobes weiterhin motiviert, sein positives Verhalten beizubehalten, und erkennt, dass er so auf dem Weg zu einem erfolgreichen Lernen ist.

Vorbereitung

Sie suchen einen passenden Moment für das Gespräch aus. Laden Sie den Schüler zum Vier-Augen-Gespräch und signalisieren Sie ihm, dass es einen sehr erfreulichen Gesprächsanlass gibt.

So geht's

Loben Sie den Schüler ganz besonders und versichern Sie ihm, dass Sie seine positive Entwicklung mit großer Freude wahrnehmen. Zählen Sie detailliert auf, worüber Sie sich bezüglich seines Verhaltens ganz besonders gefreut haben, und ermuntern Sie ihn, sein Verhalten beizubehalten.

Tipp

Mit Lob erreichen Sie immer mehr als mit negativen Sanktionen.

Verteilen von Lobkarten

Klasse 5–10

Materialien

✔ Kopiervorlage „Lobkarten" (S. 167)

Unterrichtsstörung

Der Schüler ist durch häufiges Stören des Unterrichts über einen längeren Zeitraum aufgefallen. Seit einiger Zeit bemüht er sich sehr, keine Regelverstöße mehr zu begehen.

Maßnahme

Dieses Verhalten wird mit Lobkarten honoriert.

Ziel der Maßnahme

Der Schüler, der sich besonders bemüht, die vorgegebenen Regeln einzuhalten, wird durch die Lobkarten in seinem positiven Verhalten unterstützt. Er behält sein störungsfreies Verhalten bei.

Vorbereitung

Die Lobkarten werden auf farbiges Papier kopiert und mit dem Namen des Schülers beschriftet. Halten Sie immer einige Karten im Unterricht bereit.

So geht's

Sie legen sie dem Schüler, von dem Sie meinen, dass er sich eine Lobkarte verdient hat, auf seinen Tisch.

Tipp

Überlegen Sie vorab, welche Schüler im Fokus stehen und wem eine Lobkarte einen Motivationsschub versetzen könnte. Alternativ können Sie bei diesem Belohnungssystem auch die Karten sammeln lassen und überlegen, wogegen der Schüler eine bestimmte, vorher von Ihnen festgelegte Anzahl eintauschen kann.

Lobkarten

Pfeile, Daumen © Magnus Siemens

Lobkarte

für ....

Ich beobachte dich und freue mich sehr, dass du dich an die Regeln hältst.

⇨ WEITER SO! ⇦

Pfeile, Daumen © Magnus Siemens

Lobkarte

für ....

Ich beobachte dich und freue mich sehr, dass du dich an die Regeln hältst.

⇨ WEITER SO! ⇦

Pfeile, Daumen © Magnus Siemens

Lobkarte

für ....

Ich beobachte dich und freue mich sehr, dass du dich an die Regeln hältst.

⇨ WEITER SO! ⇦

Pfeile, Daumen © Magnus Siemens

Lobkarte

für ....

Ich beobachte dich und freue mich sehr, dass du dich an die Regeln hältst.

⇨ WEITER SO! ⇦

Positiver Elternbrief

Klasse 5–10

Materialien

✔ Kopiervorlage „Elternbrief" (S. 169)

Unterrichtsstörung

Der Schüler ist durch häufiges Stören des Unterrichts über einen längeren Zeitraum aufgefallen. Seit einiger Zeit bemüht er sich sehr, nicht mehr durch Regelverstöße unangenehm aufzufallen.

Maßnahme

Die Eltern erhalten mit einem Brief ein positives Feedback über den Schüler. Der Schüler wird für sein störungsfreies Verhalten belohnt.

Ziel der Maßnahme

Der Schüler registriert, dass seine Verhaltensänderungen honoriert werden. Er wird motiviert, sein positives Verhalten beizubehalten.

Vorbereitung

Sie können die Kopiervorlage als Anregung nehmen, Ihren Brief jedoch in eigenen Worten schreiben.

So geht's

Schreiben Sie einen Brief an die Erziehungsberechtigten des Schülers. Darin honorieren Sie die erfreulichen Verhaltensänderungen und geben den Eltern ein positives Feedback.

Tipp

Meistens werden die Erziehungsberechtigten nur über das Fehlverhalten ihres Kindes informiert. Umso schöner, wenn Sie mitteilen können, dass sich der Schüler durch regelgerechtes Verhalten auszeichnet.

Elternbrief

Datum: ....

An die Erziehungsberechtigten der Schülerin/des Schülers

....

Herr .... **und Frau** ....

Sehr geehrte Eltern,

ich habe ausgesprochen gute Nachrichten für Sie.

Heute möchte ich Ihnen mitteilen, dass Ihre Tochter/Ihr Sohn

.... sich in den letzten Wochen besonders gut an die vereinbarten Verhaltensregeln gehalten hat. Die vorangegangenen Maßnahmen haben ihre Wirkung gezeigt.

Es zeigt sich, dass .... eine positive Entwicklung durchgemacht hat.

Unterstützen Sie Ihr Kind weiterhin und bestärken Sie es darin, auch in Zukunft möglichst störungsfrei erfolgreich am Unterricht teilzunehmen.

Mit freundlichen Grüßen

....

Positives Elterntelefonat

Klasse 5–10

keine Materialien

Unterrichtsstörung

Der Schüler ist durch häufiges Stören des Unterrichts über einen längeren Zeitraum aufgefallen. Seit einiger Zeit bemüht er sich sehr, keine Regelverstöße mehr zu begehen.

Maßnahme

Die Eltern erhalten durch einen persönlichen Anruf von Ihnen ein positives Feedback. Der Schüler wird für sein störungsfreies Verhalten belohnt.

Ziel der Maßnahme

Der Schüler registriert, dass seine Verhaltensänderungen honoriert werden. Er wird motiviert, sein positives Verhalten beizubehalten.

Vorbereitung

Es sind keine Vorbereitungen nötig.

So geht's

Sie telefonieren mit den Eltern und teilen ihnen mit, dass ihr Kind eine sehr positive Entwicklung zeigt. Loben Sie den Schüler und zeigen Sie auf, wie sich dieses positive Verhalten auswirkt.

Tipp

In der Regel werden die Erziehungsberechtigten meistens nur über das Fehlverhalten ihres Kindes informiert. Umso schöner, wenn Sie mitteilen können, dass sich der Schüler durch regelgerechtes Verhalten auszeichnet.

Privilegierte Sitzplatzauswahl

Klasse 5–10

keine Materialien

Unterrichtsstörung

Der Schüler ist durch häufiges Stören des Unterrichts über einen längeren Zeitraum aufgefallen. Seit einiger Zeit bemüht er sich sehr, nicht mehr durch Regelverstöße zu stören.

Maßnahme

Der Schüler darf sich in der Klasse einen Lieblingssitzplatz aussuchen.

Ziel der Maßnahme

Der Schüler fühlt sich in seinem Verhalten bestärkt und zeigt sich motiviert.

Vorbereitung

Der Schüler wird nach seinem Wunschplatz befragt. Die Tischnachbarn dürfen keine großen Einwände haben. Klären Sie das im Gespräch mit allen Beteiligten.

So geht's

Sie loben den Schüler für seine positive Entwicklung und stellen ihm nun frei, sich einen Lieblingsplatz im Raum zu suchen.

Tipp

Der Schüler wählt sich seinen Lieblingsplatz. Es kann natürlich auch sein, dass er gerne an seinem alten Sitzplatz verbleiben möchte. Das ist auch in Ordnung.

Gutschein-Kiosk

Klasse 5–7

Materialien

- ✔ Kopiervorlage „Kiosk-Gutscheine" (S. 173) für mehrere Schüler
- ✔ Klassenkiosk mit Gegenständen für den Schulgebrauch (Lineale, Bleistifte, Papier, Radiergummis, Filzstifte, Anspitzer, Geodreiecke usw.)

Unterrichtsstörung

Es gibt keine Störung. Die Schüler bemühen sich, die Regeln einzuhalten.

Maßnahme

Die Schüler erhalten zur Belohnung Gutscheine, die sie am Klassenkiosk einlösen.

Ziel der Maßnahme

Das vorbildliche Verhalten der Schüler wird verstärkt.

Vorbereitung

Im Klassenraum entsteht ein kleiner Kiosk. Das kann ein Tisch in der Ecke sein, eine Kiste oder ein Bauchladen. Der Kiosk wird mit Gegenständen bestückt, die im Schulalltag gebraucht werden. Zwei Schüler werden im wöchentlichen Wechsel als Kioskbetreiber eingesetzt. Geben Sie Zeiten vor, an denen der Kiosk geöffnet ist.

So geht's

Schüler, die in der Vergangenheit durch Unterrichtsstörungen negativ aufgefallen sind und nun seit Längerem störungsfrei am Unterricht teilnehmen, sind Anwärter auf die Gutscheine. Auch Schüler, die sich durch besondere Dienste oder Aktionen um die Klassengemeinschaft verdient gemacht haben, erhalten Gutscheine.

Kiosk-Gutscheine

Bonbon © Magnus Siemens

Gutschein

für ....

Du darfst dir ein Teil aus dem Klassen-Kiosk aussuchen.

Bonbon © Magnus Siemens

Gutschein

für ....

Du darfst dir ein Teil aus dem Klassen-Kiosk aussuchen.

Bonbon © Magnus Siemens

Gutschein

für ....

Du darfst dir ein Teil aus dem Klassen-Kiosk aussuchen.

Bonbon © Magnus Siemens

Gutschein

für ....

Du darfst dir ein Teil aus dem Klassen-Kiosk aussuchen.

Kapitel 4

Präventive Maßnahmen zur Vermeidung von Unterrichtsstörungen

Lochen von Unterrichtsmaterialien

Unterrichtsstörung

Die Schüler kommen zum Lochen von Arbeitsblättern störend und unkontrolliert ans Lehrerpult.

Maßnahme

Jedes Schülerarbeitsblatt wird von Ihnen bereits vor dem Austeilen gelocht.

Ziel der Maßnahme

Sie vermeiden zusätzliche „Lauferei" und Unruhe und sorgen für einen reibungslosen Ablauf im Unterricht.

Entschuldigungen

Unterrichtsstörung

Sie haben sich gegenüber einem Schüler ungerecht oder unfair verhalten.

Maßnahme

Sie entschuldigen sich bei dem Schüler in einem Vier-Augen-Gespräch.

Ziel der Maßnahme

Der Schüler erkennt, dass Sie sich unfair ihm gegenüber verhalten haben, dieses Fehlverhalten eingestehen und sich dafür ehrlich beim Schüler entschuldigen. Sie demonstrieren beispielhaft, wie man sich für Fehler entschuldigt. Die Lehrer-Schüler-Beziehung wird gestärkt. Ihre ehrliche Reflexion unterstreicht Ihre Professionalität. Sie vermitteln, dass auch Lehrer nicht unfehlbar und dazu in der Lage sind, Fehlentscheidungen zu revidieren.

Motivierendes Lehrerauftreten

Unterrichtsstörung

Sie zeigen durch Mimik, Gestik und verbale Äußerungen, dass Sie gestresst und überarbeitet sind, was sich negativ auf den Unterricht auswirken kann.

Maßnahme

Vermeiden Sie ein solches Auftreten. Die Schüler spüren sofort Ihre schlechte Stimmung. Gehen Sie freundlich auf die Schüler zu, ganz nach dem Motto: „Wie man in den Wald hineinruft, so schallt es heraus." Stimmen Sie sich daher vor Beginn des Unterrichts positiv ein.

Ziel der Maßnahme

Sie schaffen eine optimale Lernatmosphäre und nehmen die Rolle des Motivators ein.

Stimmlage und Sprechgeschwindigkeit

Unterrichtsstörung

In Stresssituationen reagieren Sie sehr gereizt und der Situation unangemessen auf störendes Schülerverhalten, z. B. durch zu lauten Stimmeinsatz. Dies führt wiederum zu einem erhöhten Lärmpegel bei den Schülern.

Maßnahme

Sprechen Sie mit respektvoller Stimmlage und gleichmäßiger Sprechgeschwindigkeit, auch in stressigen Situationen.

Ziel der Maßnahme

Sie benutzen Ihre Stimme angemessen. Sie brüllen oder schreien nicht. Bedenken Sie, dass Ihre Stimme Ihr wichtigstes Instrument ist. Schüler werden nicht gerne angeschrien. Ständiges Herumbrüllen nutzt sich ab und wird letztendlich von Schülern nicht mehr ernst genommen bzw. ignoriert.

Einsatz Ihrer Körpersprache

Unterrichtsstörung

Ihre Körperhaltung gegenüber dem Schüler ist abwertend. Sie rollen mit den Augen, rümpfen die Nase, kräuseln Ihre Lippen, ziehen Ihre Augenbrauen hoch und zeigen durch Ihre Körpersprache eine negative Haltung gegenüber dem Schüler.

Maßnahme

Sie setzen Ihre Körpersprache angemessen ein und wenden sich dem Schüler zu. Nutzen Sie eine positive nonverbale Kommunikation und suchen Sie den Blickkontakt zum Schüler.

Ziel der Maßnahme

Der Schüler fühlt sich durch Ihre angemessene Körpersprache ernst genommen und nicht abgelehnt. Sie demonstrieren, dass Sie den Schüler annehmen.

Sanktionen nicht rückgängig machen

Unterrichtsstörung

Der Schüler beschwert sich lautstark über eine verhängte Sanktion. Sie nehmen diese unbegründet zurück, worunter Ihre Glaubwürdigkeit leidet.

Maßnahme

Sanktionen sind nicht verhandelbar, machen Sie diese grundsätzlich nicht rückgängig. Das Regelwerk ist den Schülern bekannt und für alle verbindlich.

Ziel der Maßnahme

Der Schüler erkennt, dass Sie zu Ihren Entscheidungen stehen. Er kann nicht mit Ihnen in Verhandlungen einsteigen.

Stärken in den Vordergrund rücken

Unterrichtsstörung

Lehrer neigen oft zur Fokussierung auf das, was Schüler nicht können. Das führt häufig dazu, dass die Frustrationsgrenze der Schüler sinkt und diese unmotiviert sind oder den Unterricht stören.

Maßnahme

Arbeiten Sie viel mit Lob. Stellen Sie die Stärken des Schülers in den Vordergrund.

Ziel der Maßnahme

Der Schüler zeigt sich motivierter und steigert seine Anstrengungsbereitschaft. Sein Selbstwertgefühl wird deutlich gestärkt.

Einteilung bei Partner- und Gruppenarbeit

Unterrichtsstörung

Einzelne Schüler können in bestimmten Partner- oder Gruppenkonstellationen nicht effektiv und erfolgreich lernen. Es kommt während der Partner- oder Gruppenarbeit häufiger zu Unstimmigkeiten. Eine konstruktive Zusammenarbeit ist nicht möglich.

Maßnahme

Lassen Sie den leistungsstärkeren mit dem leistungsschwächeren Schüler in Partnerarbeit zusammenarbeiten. Schaffen Sie durch gezielte Gruppeneinteilung bei Gruppenarbeiten ein ausgeglichenes Leistungsverhältnis.

Ziel der Maßnahme

Die Schüler können konstruktiv gemeinsam arbeiten und profitieren voneinander. Es entsteht eine Win-win-Situation und die Lernmotivation des Einzelnen steigt. Der leistungsstärkere Schüler festigt sein Wissen, indem er dem leistungsschwächeren Schüler bestimmte Sachverhalte erklärt. Sie nehmen sich mehr und mehr zurück und fungieren in bestimmten Fällen nur als Ratgeber.

Fotositzplan mit Namen

Unterrichtsstörung

Sie kennen die Namen einzelner Schüler nicht. Die Ansprache gestaltet sich schwierig. Das führt häufig zu Zwischenbemerkungen und allgemeiner Unruhe.

Maßnahme

Erstellen Sie einen Fotositzplan mit den Schülernamen. Das erleichtert bzw. sichert die Direktansprache eines jeden Schülers.

Ziel der Maßnahme

Die Schüler fühlen sich in ihrer Persönlichkeit ernst genommen und schenken Ihnen ihre Aufmerksamkeit.

Respektvoller Umgang mit Schülern

Unterrichtsstörung

Ein Schüler stört den Unterricht. Er gibt z. B. eine völlig falsche Antwort. Sie beleidigen daraufhin den Schüler persönlich, indem Sie in etwa erwidern: „Das ist völlig falsch. Aber das sind wir ja von dir nicht anders gewohnt."

Maßnahme

Sie bemühen sich um einen respektvollen Umgang mit dem Schüler. Es ist nicht immer leicht, professionell zu reagieren. Denken Sie daran, Störungen nicht persönlich zu nehmen.

Ziel der Maßnahme

Nur durch respektvollen Umgang im täglichen Miteinander kann eine gute Lehrer-Schüler-Beziehung geschaffen werden. Nur so entsteht Vertrauen.

Realistische Konsequenzen androhen

Unterrichtsstörung

Ein Schüler stört sehr penetrant den Unterricht. Auf Ermahnungen reagiert er nicht. Sie drohen ihm spontan eine unrealistische Konsequenz an, z. B. dass er nach Hause gehen kann, wenn er jetzt nicht sofort seine Störungen einstellt.

Maßnahme

Achten Sie immer darauf, dass die Maßnahme, die Sie dem Schüler ankündigen, auch umsetzbar ist. Ihn nach Hause zu schicken, wäre keine realistische Alternative.

Ziel der Maßnahme

Ihre Schüler nehmen Ihre Sanktionen und damit auch Sie in Ihrer Person ernst.

Humorvoller Umgang mit der Störung

Unterrichtsstörung

Sie reagieren wütend auf die Unterrichtsstörungen eines Schülers. Er sieht, dass Sie sich darüber ärgern. Diese Reaktion ermutigt ihn unter Umständen, weitere Störattacken zu starten. Für den Rest der Klasse hat Ihre Reaktion natürlich auch eine Signalwirkung.

Maßnahme

Sie reagieren humorvoll auf die Störung, wenn es Ihnen in der Situation angemessen erscheint. Ihre Reaktion wird so vom Schüler nicht erwartet.

Ziel der Maßnahme

Der Schüler bekommt nicht die „Bühne", die er sich mit seiner Störung gewünscht hat. Eine angespannte Situation entsteht gar nicht erst, sondern Sie deeskalieren die Lage. Im besten Fall reagiert auch der Schüler mit Humor. Er registriert, dass Sie sich nicht auf seine Störung einlassen. Den übrigen Schülern signalisieren Sie, dass man mit einer solchen Aktion keinen Erfolg erzielt.

Einheitliche Verfahrensweisen der Kollegen

Unterrichtsstörung

Ein Schüler testet immer wieder die Grenzen seines Störverhaltens aus, bei verschiedenen Kollegen und in unterschiedlichen Unterrichtssituationen. Beispiele: „Bei Frau Müller dürfen wir aber im Unterricht Kaugummi kauen.", „Herr Meier macht nicht so ein Theater, wenn wir mal zu spät kommen."

Maßnahme

Sprechen Sie sich mit Ihren Kollegen ab, sodass Sie alle, wenn möglich, im Umgang mit Sanktionen einheitlich verfahren.

Ziel der Maßnahme

Der Schüler weiß, dass seine Lehrer einheitliche Sanktionen verhängen, und stellt das „Austesten" der Kollegen ein.

Wahrung der Verhältnismäßigkeiten

Unterrichtsstörung

Sie überbewerten eine Situation und reagieren der Situation nicht angemessen.

Maßnahme

Versuchen Sie, die Störsituation richtig einzuschätzen. Prüfen Sie, ob Sie die Lage ggf. überbewertet oder falsch eingeschätzt haben.

Ziel der Maßnahme

Die Wahrung der Verhältnismäßigkeiten steht im Vordergrund. Beleuchten Sie jede Situation genau und entscheiden Sie angemessen. Seien Sie stets darum bemüht, ruhig und der Situation entsprechend zu reagieren. Denken Sie darüber nach, ob Ihre Reaktion im richtigen Verhältnis zu der Sanktion steht.

Sicheres Auftreten

Unterrichtsstörung

Ein unsicheres Lehrerverhalten ist keine Unterrichtsstörung, es hindert Sie aber daran, einen effektiven Unterricht zu erteilen. Vielleicht stehen Sie gerade am Anfang Ihrer beruflichen Tätigkeit. Sie haben sich sehr auf die Praxis gefreut, aber nun sollen Sie in eine Klasse gehen, die sich bei Ihren Kollegen keiner großen Beliebtheit erfreut. Sie sind unsicher und wissen nicht so recht, wie Sie sich auf diese Situation vorbereiten sollen. Zunächst seien Sie versichert, dass es vielen Berufsanfängern so ergeht.

Maßnahme

Suchen Sie das Gespräch mit Kollegen und scheuen Sie nicht, sich Rat bei erfahrenen Kollegen einzuholen. Bereiten Sie Ihren Unterricht gut vor und gehen Sie möglichst unvoreingenommen in die Lerngruppe.

Ziel der Maßnahme

Sie gewinnen Sicherheit im Auftreten vor einer Schulklasse.

Keine Moralpredigt

Unterrichtsstörung

Sie begegnen einer Unterrichtsstörung mit einer längeren Moral- bzw. Strafpredigt.

Maßnahme

Vermeiden Sie längere moralische Appelle an Ihre Schüler. Ein Gespräch auf Augenhöhe signalisiert dem Schüler, dass Sie ihn ernst nehmen. Zeigen Sie sich diskussionsbereit.

Ziel der Maßnahme

Ein vernünftiger Dialog mit Schülern ist immer effektiver als eine lange Predigt. So fühlen sich beide Seiten ernst genommen.

Klare Arbeitsanweisungen

Unterrichtsstörung

Ihre Aufgabenstellungen sind für die Schüler nicht eindeutig zu verstehen. Es kommen zu viele Fragen von den Schülern. Sie müssen einzelne Arbeitsschritte mehrmals erklären. Dadurch geht effektive Lernzeit verloren.

Maßnahme

Formulieren Sie Ihre Arbeitsaufträge eindeutig und klar. Überlegen Sie im Vorfeld, welche möglichen Fragen für Ihre Schüler offenbleiben könnten.

Ziel der Maßnahme

Die Schüler können selbstständig und ohne zusätzliche Hilfestellung die gestellten Aufgaben verstehen und bearbeiten.

Tipp

Manche Schüler sind häufig überfordert, wenn es zur Bearbeitung von Aufgaben mehrere Möglichkeiten gibt. Der Umgang mit offenen Arbeitsaufträgen muss eingeübt werden. Dazu bedarf es eines längeren Vorbereitungsprozesses.
Helfen kann hier auch eine innere Differenzierung. Differenzieren Sie die Arbeitsaufträge so, dass auch leistungsschwächere Schüler diese eigenständig bearbeiten können.

Achten Sie immer auf klare und eindeutige Arbeitsanweisungen. Bei Unklarheiten können Sie viele Nachfragen erwarten. Das bringt Unruhe in das Unterrichtsgeschehen und führt zu Störungen.

Chancengleichheit

Unterrichtsstörung

Sie sind einem Schüler gegenüber voreingenommen und lassen sich von Vorurteilen leiten. Vielleicht haben Sie bei der Beurteilung eines Schülers die Zensuren der Kollegen im Auge und lassen sich durch sie beeinflussen. Hin und wieder vergessen Sie vielleicht, zwischen einer Leistungsnote und der „pädagogischen" Zensur zu unterscheiden.

Maßnahme

Bemühen Sie sich immer wieder um Objektivität. Eine große Hilfe kann oft auch die kollegiale Hospitation sein. Es ist wichtig, dass Sie sich hin und wieder spiegeln lassen. So erhalten Sie ein relativ objektives Feedback zu Ihrem Handeln. Nicht selten übersieht man den einen oder anderen Schüler, der sich meldet, aber nicht drangenommen wird. Oder Sie haben einen Schüler besonders häufig im Visier, wenn es um Störungen geht.

Ziel der Maßnahme

Sie signalisieren dem Schüler, dass Sie um Chancengleichheit und Gerechtigkeit bei der Beurteilung jedes einzelnen Schülers bemüht sind.
Das wichtigste Signal ist: Jeder hat hier die gleichen Chancen und Anstrengungsbereitschaft zahlt sich aus.

Sinnvoll gegliederter Unterricht

Unterrichtsstörung

Ihr Unterricht ist unstrukturiert. Die Schüler zeigen sich gelangweilt. Sie beschäftigen sich mit anderen Dingen, nur nicht mit den Inhalten Ihres Unterrichts. Grund für die Störung kann natürlich auch eine inhaltliche Überforderung sein. Den Schülern fehlt der intellektuelle Zugang zu Ihrem Unterricht.

Maßnahme

Sie bereiten Ihren Unterricht gut vor. Die Inhalte sind interessant und strukturiert. Sinnvolle Phaseneinteilung zeichnet die Unterrichtsstunde aus. Sie wählen einen motivierenden Einstieg, der auf das Thema der Stunde einstimmt und die Schüler zum Mitarbeiten anregt. Ihre Arbeitsaufträge formulieren sie klar und eindeutig.

Ziel der Maßnahme

Der Schüler schenkt dem Unterrichtsgeschehen seine ganze Aufmerksamkeit und steigt motiviert in das Thema der Stunde ein. Er erkennt den Ablauf der einzelnen Phasen und arbeitet erfolgreich mit.

Tipp

Haben Sie immer einen festen Plan Ihres Unterrichtsvorhabens im Kopf. Das heißt nicht, dass Sie nicht flexibel auf Situationen reagieren sollten. Auch spontan auf etwas Unplanmäßiges eingehen zu können, hält den Unterricht spannend, interessant und lebendig.

Ein effektiv strukturierter Unterricht zeichnet sich durch Methodenvielfalt aus. Vermeiden Sie lange Monologe und einen dauerhaften Frontalunterricht. An ein fragend-entwickelndes Verfahren schließt sich eine stille Erarbeitungsphase sinnvoll an. Wechseln Sie häufiger zwischen Einzel-, Partner- und Gruppenarbeit und achten Sie auf wechselnde Sitzordnungen. Medienwechsel spielen ebenso eine wichtige Rolle für das Gelingen guten Unterrichts. Nutzen Sie digitale Medien. Berücksichtigen Sie die Lebenswelt der Schüler und beteiligen Sie sie bei der Planung der Themen.

Supervision

Unterrichtsstörung

Sie und Ihre Kollegen haben viele „schwierige" Schüler, die Ihnen ein störungsfreies Unterrichten auf Dauer erschweren und manchmal fast unmöglich machen. Sie sind nicht nur der professionelle Wissensvermittler, sondern ein „Beziehungsarbeiter". Das immer noch dominierende Bild des Lehrers, er sei ausschließlich der Vermittler der Lerninhalte, muss längst erweitert werden.

Maßnahme

Die Supervision wird als wirksames Beratungsinstrument für Lehrer eingesetzt. Supervision kann sowohl in Einzelsitzungen als auch in Gruppen stattfinden. Sie trägt zu Ihrer Entlastung bei. Professionelle Hilfe und der Blick von außen auf eine Situation bieten Ihnen Unterstützung bei Ihrer Arbeit mit den Schülern.

Ziel der Maßnahme

Sie erlernen und erproben bestimmte Handlungskompetenzen im Umgang mit Störungen und Stresssituationen in Ihrem Schulalltag. Sie werden dabei unterstützt, professionell und reflektiert zu unterrichten.

Den Umgang mit schwierigen Schülern und schwierigen Alltagssituationen in der Schule erlernen Lehrer nicht im Studium und leider häufig auch nicht während ihrer Lehramtsanwärterzeit. Sich in Form einer Supervision professionelle Hilfe von außen zu holen, ist kein Zeichen von Schwäche, sondern ganz im Gegenteil ein Zeichen von Stärke. Sich selbst einzugestehen, mit bestimmten Situationen überfordert zu sein und dem entgegenwirken zu wollen, ist in solchen Fällen immer eine gute Lösung.

Tipp

Informationen und Unterstützung bei einer Supervision an Ihrer Schule erhalten Sie bei Ihrer schulpsychologischen Beratungsstelle.

Kollegiale Fallberatung

Unterrichtsstörung

Es gibt eine Begebenheit bzw. einen „Fall", der Sie überfordert und bei dem Sie zu keiner für Sie zufriedenstellenden Lösung gelangen. In den meisten Fällen handelt es sich um einen „schwierigen" Schüler.

Maßnahme

Sie führen eine kollegiale Fallberatung durch. Von Vorteil ist, dass das Beratungsproblem innerhalb einer Gruppe beleuchtet wird. Jeder hat ggf. eine andere Sichtweise auf den Fall. Die Autonomie der Gruppe und der einzelnen Kollegen wird gefördert. Die gemeinsame Suche nach Lösungsmöglichkeiten stärkt zudem auch das Gruppengefühl. Der einzelne Kollege trägt seine Probleme nicht lange mit sich herum, sondern nutzt das Instrument der kollegialen Fallberatung.

Der Verlauf der kollegialen Fallberatung ist zeitlich und inhaltlich strukturiert, das Ende steht fest (vgl. Macha et al. 2010, S. 49f.; Dlugosch, 2008, S. 5–8).

Es wird in sechs Schritten vorgegangen:

- Themenfindung (5 min)
- Falldarstellung (max. 10 min)
- Problemdefinition und Schlüsselfrage (8–10 min)
- Beratung und Lösungsstrategien (max. 15 min)
- Feedback der Person, die den Fall erzählt hat (5 min)
- Abschlussblitzlicht (5 min)

Ziel der Maßnahme

Sie erhalten Unterstützung durch umfangreiche Beratung und Hilfen Ihrer Kollegen und erarbeiten gemeinsam Lösungsstrategien.

Elternstammtisch

Unterrichtsstörung

Ein gutes Klassenklima sowie der Austausch zwischen Ihnen und den Eltern und auch der Eltern untereinander können dazu beitragen, Störungen entgegenzuwirken.

Maßnahme

Sie schlagen den Eltern am Anfang des Schuljahres, möglichst mit Beginn der 5. Klasse, die Einführung eines Elternstammtisches vor. Der Elternstammtisch findet regelmäßig statt, bevorzugt an einem außerschulischen Ort.

Ziel der Maßnahme

Die Kommunikation zwischen Schule und Eltern ist das A und O einer funktionierenden Elternarbeit. Sie führen in der Regel nur an Elternsprechtagen längere und intensivere Beratungsgespräche mit den Erziehungsberechtigten. Aber auch an diesen Tagen sind die Zeitfenster sehr begrenzt. Häufig bewegen Sie sich in einem Zehn-Minuten-Rhythmus.

Ein Elternstammtisch gibt sowohl Ihnen als auch den Eltern die Möglichkeit, einander näher kennenzulernen. In einem solchen Rahmen können Probleme und Sorgen ausgetauscht werden. Sie nutzen die Gelegenheit, um den Eltern Ihre Unterrichtsvorhaben vorzustellen. Ggf. geben Sie Einblick in Ihre Unterrichtsmethoden. Sie können z. B. den Eltern bei der Einführung eines neuen mathematischen Themas einzelne Rechenschritte erklären. So können Eltern ihre Kinder besser bei Hausarbeiten unterstützen. Denn häufig haben sie selber andere Methoden kennengelernt als ihre Kinder heute.

MEDIENTIPPS

Filme auf YouTube

- „Die fünf Axiome von Paul Watzlawick"
- „Wie macht man einen Knetball?" von *Besser Gesund Leben*

Kopfhörer tragen im Unterricht
www.abendblatt.de/hamburg/article207423973/Warum-Schueler-im-Unterricht-Kopfhoerer-tragen.html

Streitschlichtung in Schulen
www.dguv-lug.de/sekundarstufe-i/sucht-und-gewaltpraevention/streitschlichtung-in-schulen-differenziert

Klassendienste
www.hannes-comix.de/illustrationen/illus/ordnungsdienst

Sitzbälle in der Schule
www.sichere-schule.de/media/upload/u_sitzbaelle.pdf
www.sichere-schule.de/lernraumunterrichtsraum/unterrichtsraum/sitzballe

Die Trainingsraum-Methode
www.trainingsraum-methode.de/trainingsraum/index.shtml
www.trainingsraum.de

LITERATUR

Dlugosch, Andrea:
Ein Fall für 5 bis 8. Konfliktlösungen auf der Spur durch Kollegiale Fallberatung.
in: Die Grundschulzeitschrift 214, Friedrich Verlag Velber, 2008, S.4–8.
ISSN 0932-3910

Grüner, Thomas/Hilt, Franz/Tilp, Corinna:
Bei STOPP ist Schluss. Werte und Regeln vermitteln.
AOL Verlag – AAP Lehrerfachverlage GmbH, 2017.
ISBN 978-3-8344-5720-2

Konrad, Klaus/Traub, Silke:
Kooperatives Lernen: Theorie und Praxis in der Schule, Hochschule und Erwachsenenbildung.
Schneider Verlag Hohengehren, 2016.
ISBN 978-3-8340-0374-4

Kounin, Jacob S.:
Techniken der Klassenführung. Standardwerke aus Psychologie und Pädagogik.
Waxmann Verlag, 2006.
ISBN 978-3-8309-1517-1

Krenner, Andreas:
Peer-Mediation, Konfliktregelung und Streitschlichtung in der Schule. Planungskonzept zur erfolgreichen Einführung und Umsetzung von Peer-Mediation.
Diplomica Verlag, 2011.
ISBN 978-3-8428-5969-2

Lehmann-Schaufelberger, Dietmar:
Richtig reagieren bei Störungen im Schulalltag. Konkrete Maßnahmen – erprobte Handlungsmuster.
AOL Verlag – AAP Lehrerfachverlage GmbH, 2014.
ISBN 978-3-8344-8430-7

Lohmann, Gert:
Mit Schülern klarkommen. Professioneller Umgang mit Unterrichtsstörungen und Disziplinkonflikten.
Cornelsen Scriptor, 2015.
ISBN 978-3-589-23290-1

Macha, Hildegard/Lödermann, Anne-Marie/Bauhofer, Wolfgang:
Kollegiale Beratung in der Schule. Theoretische, empirische und didaktische Impulse für die Lehrerfortbildung.
Juventa Verlag, 2010.
ISBN 978-3-7799-2139-4

Schulz von Thun, Friedemann:
Miteinander reden 1: Störungen und Klärungen. Psychologie der zwischenmenschlichen Kommunikation.
Rowohlt Taschenbuch Verlag, 2016.
ISBN 978-3-499-17489-6

Watzlawick, Paul/Beavin, Janet H./Jackson Don. D.:
Menschliche Kommunikation. Formen, Störungen, Paradoxien.
Hogrefe, vorm. Huber Verlag, 2016.
ISBN 978-3-456-85745-9

Winkel, Rainer:
Der gestörte Unterricht. Diagnostische und therapeutische Möglichkeiten.
10. Aufl., Schneider Verlag Hohengehren, 2011.
ISBN 978-3-8340-0990-6